종군 신부 카폰

The Story of Chaplain Kapaun
- Patriot Priest of the Korean Conflict
by Father Arthur Tonne

종군 신부 카폰

1956년 8월 15일 교회 인가
1956년 8월 25일 초판 1쇄 펴냄
1991년 8월 15일 개정 초판 1쇄 펴냄
2007년 1월 31일 개정 2판 1쇄 펴냄
2021년 6월 25일 개정 3판 1쇄 펴냄
2023년 6월 16일 개정 3판 2쇄 펴냄

지은이 · 아더 톤
편역자 · 정진석 추기경
펴낸이 · 정순택
펴낸곳 · 가톨릭출판사
편집 겸 인쇄인 · 김대영

본사 · 서울특별시 중구 중림로 27
등록 · 1958. 1. 16. 제2-314호
전자우편 · edit@catholicbook.kr
전화 · 1544-1886(대표 번호)
지로번호 · 3000997

ISBN 978-89-321-1780-5 03230

값 18,000원

성경 ⓒ 한국천주교중앙협의회, 2005

이 책의 한국어 출판권은 (재)천주교서울대교구 가톨릭출판사에 있습니다.
저작권법에 의해 한국 내에서 보호를 받는 저작물이므로 무단 전재와 무단 복제를 금합니다.

가톨릭의 모든 도서와 성물은 '**가톨릭출판사 인터넷쇼핑몰**'에서 만나 보실 수 있습니다.
http://www.catholicbook.kr | (02)6365-1888(구입 문의)

6·25 전쟁의 성인, 전장의 그리스도

종군 신부 카폰

아더 톤 지음 | 정진석 추기경 옮김

Chaplain
Emil Kapaun

가톨릭출판사

사진 출처

표지 사진
ⓒ Col. Raymond Skeehan
ⓒ Les Broadstreet

본문 사진
ⓒ Col. Raymond Skeehan 149p, 150p, 165p, 171p, 177p
ⓒ Les Broadstreet 119p
ⓒ Catholic Diocese of Wichita

**모든 사진은 미국 캔자스의 위치토 교구에서 제공받아 사용하였으며,
일부 사진의 저작권은 Col. Raymond Skeehan과 Les Broadstreet에게 있습니다.**
Some photos are credited to Col. Raymond Skeehan and Les Broadstreet.
All the rest photo is credited to Catholic Diocese of Wichita.

†

이 책을 삼가 카폰 신부의 부모님과
한국에서 고귀하게 희생된
장병들의 양친에게 바칩니다.

역자의 말

이 책은 6·25 전쟁 때 한국 전선에서 임무를 다하다가 전사한 미국 종군 신부의 행적을 사실에 충실하여 기록한 것이다. 그 결과 우리는 이 책에서 전쟁이라는 가혹한 현실 속에서 한 명의 종교인이 확고부동한 자기 신념으로 쌓아 올리는 숭고한 미덕을 생생하게 느낄 수 있다. 30대 청년 종교인이 6·25 전쟁에서 보여 준 미덕은 이미 미덕이 아니다. 그의 전우들이 표현한 대로 '가시철망을 쓴 그리스도'인 것이다. 한 영혼이 신앙의 다리를 통해 하느님의 뜻으로 우리에게 보내 주는 인간 행동의 기적이다. 그러나 우리는 이런 기적을 바라볼 때 어쩐지 석연치 않은 마음을 느끼게 된다.

'인간이 참으로 이런 행동을 할 수 있을까?'

이러한 의문과 함께 이 책에 뚜렷이 기록되어 있는 인간의 아름다운 영혼과 행동이 마치 동화처럼 비현실적으로 보이기도 한다. 이것은 어찌 된 노릇인가?

인간 생활의 온갖 근원이 하느님께 기인하던 옛날에는 그런 일이 없었다. 원자탄과 제트기의 실재를 믿듯이 성인과 그의 덕행에 추호도 의심을 품는 일이 없었다. 현대적인 병폐와 비극을 극복하기 위하여 이 책은 에밀 카폰 신부의 덕행을 직접 목격한 수많은 사람들의 증언으로 엮은 것이다.

그는 6·25 전쟁이 일어나자 스스로 지원하여 전선에 나왔고 불꽃 튀는 전투 중에 포로가 되었다. 얼마든지 도망칠 수도 있었지만 부상당한 전우들을 돌보기 위하여 일부러 포로가 된 것이다. 말로 표현하기조차 어려운 상황에서 전우들에게 그 뜨거운 사랑을 쏟음으로써 그는 '가시철망을 쓴 그리스도'라는 숭고한 자화상을 형성하고 고요히 공산군 포로 병원에서 생애를 마쳤다.

이 위대한 행적은 옛날 일도 아니고 먼 나라 일도 아니다. 바로 현재 우리가 살고 있는 이 땅에서 불과 몇 년 전에 일어난 생생한 사건이다. 우리나라에 이 책이 이제야 소개되는 것은 늦은 감이 있으나 이번에 뜻깊은 출판으로 좋은 계기를 만들어 준 미국 공보원에 감사를 드린다.

병인 8월
옮긴이

인사말

가톨릭출판사에서 출판되었던 《從軍神父 카폰》(1956)과 《가톨릭 교리 입문》(1958)은 실제로는 제가 번역한 책입니다. 그러나 이 책들을 번역할 때 저는 신학생이었기 때문에, 이 두 권의 책은 그 당시 출판사의 〈가톨릭 청년〉 주간이셨던 유봉구 신부님을 역자로 하여 발간되었습니다.

그 후 수원 교구가 신설되면서 유봉구 신부님이 수원 교구 소속이 되신 후 작고하시자 가톨릭출판사 측에서는 이 두 책의 판권을 수원 교구로 귀속시켰다고 합니다. 1991년 1월 15일에 수원 교구장 김남수 주교님께서 이 책들을 실제 역자인 제 이름으로 가톨릭출판사에서 재판하도록 저와 합의해 주셨습니다.

사제 서품 30주년이자 환갑이 되는 이해에 이 두 가지 책이 재판되도록 안배해 주신 하느님과 수고해 주신 모든 분들께 감사드립니다.

1991년 1월 15일 청주에서
정진석 주교

개정판을 펴내며

† 주님의 평화를 빕니다.

저는 지난달부터 병원에 입원한 후 몇 번이나 죽음의 고비를 넘겼습니다. 그러고는 주님의 은총과 많은 분들의 기도의 은덕으로 정말 기적처럼 다시 의식을 회복했습니다. 지금이라도 주님 안에 안식하는 것이 저에게는 큰 은총이지만 아직 부족한 제가 할 일이 남아 있는 것이 아닌가 하는 생각이 들었습니다.

며칠 전 6·25 전쟁 당시 평안북도 벽동 포로수용소에서 숨진 '6·25 전쟁의 성인'으로 불리는 미국인 군종 사제 에밀 카폰 신부님(1916년~1951년)의 유해가 70여 년 만에 확인됐다는 소식을 전해 듣고 바로 하느님께 감사 기도를 드렸습니다. 하와이 국립 태평양 기념 묘지의 약 700명의 신원 불명 6·25 전쟁 전사자들의 DNA를 대조한 결과 카폰 신부님의 신원이 확인되어 가족의 품으로 돌아가셨다고 하니 눈물이 날 정도로 기쁩니다.

카폰 신부님과 저는 책을 통해 만난 특별한 인연이 있습니다. 신학생 때인 1956년, 카폰 신부님의 영문판 책을 번역하는 작업이 저에게는 사제의 길에 대한 확고한 마음을 다지는 계기가 되었습니다. 카폰 신부님은 전선에서 온 힘을 다해 적군과 아군 모두에게 도움을 주려 노력하셨고 포로수용소에 수감된 후에도 동료들에게 선행을 계속하셨습니다. 신부님의 이런 모습은 주변 사람들, 적군들에게도 큰 감동을 주었습니다. 폐렴에 걸려 1951년 5월에 숨지면서도 카폰 신부님은 "나를 위해 울지 않아도 된다. 항상 가고 싶었던 곳으로 가는 것이며 도착하면 여러분 모두를 위해 기도하겠다."라는 유언을 남겼다고 합니다. 1954년에 대신학교에 입학한 저는 저학년인 1956년에 카폰 신부님에 대한 영문책을 번역하게 되었습니다. 물론 당시엔 신학생 신분이라 다른 분 이름으로 가톨릭출판사에서 출간했습니다.

저도 6·25 전쟁을 겪었습니다. 그때 여러 번의 죽을 고비를 넘겼습니다. 그때마다 죽음에서 구해 주신 하느님의 뜻을 생각했습니다. 이후 미군 통역관으로 복무하면서 카폰 신부님의 존재를 알게 되었을 때, 저는 절로 고개를 숙일 수밖에 없었습니다. 먼 이국땅에서 오시어 군종 신부로 전쟁에 참여하신 에밀 카폰 신부님. 저와 같은 시기, 같은 땅에서 미군 종군 신부로 사목하시다가 하느님 곁으로 가신 그 모습이 어쩌면 저를 포함한 우리나라의 많은 청년들을 대신한 거룩한 죽음이 아닐까 생각했습니다. 그러자 제2차 세계 대전 때 수용소에서 돌아가신 콜베 신부님이 떠올랐습니다. 저는 《종군 신부 카폰》을 번역하던 그때, 카폰 신부님의 몫까지 두 배로 충실한 사제가 되겠다고 다짐했습니다. 그리고 지금까지 그 다짐을 지키며 살고 있습니다. 오늘도 병상에서 카폰 신부님의 시복 시성을 위한 기도를 바칩니다.

이미 '성인'의 삶을 사셨던 카폰 신부님은 많은 사제들의 모범이 될 것입니다. 이번에 가톨릭출판사에서 카폰 신부님의 책을 개정해서 출간한다고 하니 너무 기쁘고 행복합니다. 출간에 힘써 주시는 가톨릭출판사의 사장 신부님과 직원들에게 감사의 인사를 드립니다. 많은 분들이 이 책을 읽기를 바라며 이 책을 읽는 이들에게도 카폰 신부님의 시복 시성을 위해 많은 기도를 해 주시기를 부탁드리는 바입니다.

2021년 3월 10일
정진석 추기경

추천사
카폰 신부를 아시나요?

2012년 로마 교황청에서 6·25 전쟁 중 포로수용소에서 숨을 거둔 에밀 카폰(1916년~1951년) 신부의 시복 시성을 결정하는 공식 조사에 들어갔다는 소식이 들려왔습니다. 2021년에는 무명용사들을 모신 묘에서 신부님의 유해가 발견되어 70년 만에

2013년 4월 11일, 버락 오바마 대통령이 카폰 신부에게 명예 훈장을 수여함. 대리 수상자는 조카 레이 카폰

가족들의 품으로 돌아갔다고 합니다. 2013년에는 카폰 신부님에게 오바마 대통령이 명예 훈장을 수여하며 "총이 아니라 사랑이라는 가장 대단한 무기를 휘둘러 형제들을 살리기 위해 자신의 목숨을 바쳤습니다."라는 유명한 말을 남겼다고 합니다. 제가 〈중앙SUNDAY〉에 2012년에 기고했던 기사를 소개합니다.

명예 훈장

세상을 떠난 지 반세기가 훨씬 지나서도
주목을 받는 에밀 카폰 신부는 어떤 사람일까?

카폰 신부는 1916년 미국 캔자스의 가난한 가정에서 태어났다. 1940년에 신학교에서 공부를 마치고 사제가 됐다. 6·25 전쟁 직후인 1950년 7월 미 육군의 군종 사제로 한국에 파견됐다. 그의 소속 부대는 인천 상륙 작전 이후 함경도 원산까지 진격했지만, 그해 11월 중공군에 포위되었다. 이때 카폰 신부는 철수하라는 명령을 거부한 채 통나무와 지푸라기로 참호를 만들어 부상병들을 대피시켰다. 그 후 몇 차례나 중공군의 포위망에서 탈출할 기회가 있었지만 그대로 남아 부상병을 돌봤다. 결국 그는 붙잡혀 평안북도 벽동 수용소에 수감됐다.

포로수용소의 환경은 최악의 상태였다. 무엇보다 추위와 굶주림은 포로들을 가장 괴롭혔고 점점 짐승처럼 변하게 했다. 그러나 카폰 신부는 끝내 인간의 존엄한 모습을 지켰다. 험하고 언 땅에 다리를 끌면서도 부상병을 업어 주고 거동이 불편한 부상병의 옷을 대신 빨아 주기도 했다. 위험을 무릅쓰고 곡물을 훔쳐 동료들에게 나누어 주기도 했다. 그는 한 사제이기 전에 포로수용소에서 포로들의 위로자요, 상담자요, 보호자였다.

헌신적으로 동료들을 돌보던 그는 1951년 세균에 감염돼 한쪽 눈과 다리에 이상이 생겨 35세의 젊은 나이로 먼 이국땅에서 세상을 떠났다. 그는 죽기 직전까지도 군인들의 고해성사를 들으며 사제의 의무를 다했다. 카폰 신부는 고통으로 힘들어 눈물을 흘리면서도 주변의 병사들에게 예수님께서 고난을 당하신 것처럼 자신도 고난을 겪는 것이 기뻐서 운다고 위로했다. 그 말을 들은 모든 병사들은 눈물을 흘렸다고 한다. 마지막 순간까지도 인간의 고귀한 존엄성을 잃지 않았던 카폰 신부는 포로들의 마음을 하나로 단결시켰고 죽음의 절망 속에서 희망의 불씨를 살렸다.

카폰 신부의 이 같은 선행은 전쟁이 끝나고 풀려난 미군 포로들의 입에서 입으로 전해졌다. 그가 보여 준 헌신적인 삶은 1954년 책으로 세상에 나왔다. 이 책은 당시 신학생이었던 정진석 추기경에 의해 번역돼《종군 신부 카폰》이라는 제목으로 한국에 소개되기도 했다. 정 추기경은 언젠가 "카폰 신부의 삶은 나의 청년 시절, 사제가 되기를 결심하는 데 도움이 됐다. 그는 나의 롤 모델이었다. 죽음 앞에서도 다른 이를 도와주는 모습을 상상하면 온몸에 전율을 느꼈다."라고 했다.

이 땅에 사는 우리가 카폰 신부를 올바르게 알아야 하는 이유가 있다. 오늘날 눈부신 대한민국의 발전은 수십 년 전 이 땅에서 피를 흘린 수많은 카폰 신부와 같은 외국의 젊은이들이 있었기 때문이다. 또한 우리는 아들의 전사 통지서를 부둥켜안고 하염없이 눈물을 흘렸을 그 청년들의 부모들을 기억해야 한다. 그들의 고귀한 희생에 보답하는 것은 무엇보다 역사를 바르게 기억하는 것이다. 그런데 6·25 전쟁이 일어난 해도 모르는 초등학생들이 태반이라고 하니 참으로 씁쓸한 생각이 든다.

이 책을 통해 많은 분들이 카폰 신부님을 기억하는 기회를 가지셨으면 좋겠습니다.

서울대교구 홍보위원회
허영엽 신부

추천사

우리를 위해 기도해 주십시오

"내가 너희에게 이 말을 한 이유는, 내 기쁨이 너희 안에 있고 또 너희 기쁨이 충만하게 하려는 것이다. 이것이 나의 계명이다. 내가 너희를 사랑한 것처럼 너희도 서로 사랑하여라. 친구들을 위하여 목숨을 내놓는 것보다 더 큰 사랑은 없다."

요한 15,11-13

종군 신부였던 에밀 카폰 신부는 우리에게 우정의 진정한 의미에 대해서 가르쳐 줍니다. 그는 우정이란 인간이 만들어 낸 물리적·영토적 경계를 넘어 확장되는 거라고 알려 줍니다. 우리가 하느님의 모상으로 만들어졌다는 사실에서 우정이 나온다고도 합니다. 그는 하느님에 대한 믿음과 하느님의 창조에 대한 믿음 덕분에 우리가 우정을 지닐 수 있을 뿐만 아니라 그리스도의 몸이야말로 우정이란 무엇인지 알려 주는 것이라고 말해 줍니다.

에밀 카폰 신부는 '미국의 빵 바구니'라고 불리는 캔자스 출신의 겸손한 사람이었습니다. 그러나 그는 고향인 필센을 넘어, 위치토 교구와 캔자스주를 넘어, 심지어는 미국까지 넘어 도움이 필요한 사람들과 우정을 쌓으려 했습니다. 그러기 위해서는 믿음으로 과감하게 한계를 뛰어넘어야 했지요. 그는 사제직으로 이끄시는 하느님의 부르심에 응답하여 우정을 나눌 친구들을 찾을 수 있었고, 그들과 그리스도의 몸이 되는 성사를 통해 그리스도 안에서 형제자매가 될 수 있었습니다.

군대에서 복무하는 사람들을 사목하는 사제가 되자 친구들이 더욱 많아졌습니다. 윈켈만 주교의 허락을 받고 군종 신부가 된 카폰 신부는 제2차 세계 대전 중 인도와 미얀마에서 복무한 연합군 병사들에게 성사를 주며 그들의 믿음을 지켜 주었습니다. 그리고 6·25 전쟁 때는 유엔군으로 복무했습니다.

카폰 신부는 군복을 입은 사람들하고만 우정을 나누지 않았습니다. 두 번의 전쟁을 겪는 동안 신부는 사회에서 소외된 사람들과 전쟁으로 황폐해진 사람들에게 손을 내밀었습니다. 모든 것을 잃어버린 그곳 사람들과 어린이들에게 성사를 주고 도움을 전했습니다. 이러한 카폰 신부의 일화는 많이 있습니다. 그는 지역 교회가 전쟁으로 피난민이 된 사람들의 영적, 육체적 필요를 돌볼 때 함께했습니다. 신부는 이들을 자신의 친구로 받아들이고 환영했습니다.

6·25 전쟁 동안 그의 친구들은 크게 늘었습니다. 카폰 신부는 미군을 위한 군종 신부였지만, 전쟁에 큰 타격을 입은 민간

인들의 곤경에 비통해하면서 그가 본 가슴 아픈 이야기들을 적어 고향으로 보냈습니다. 제2차 세계 대전보다는 기회가 많지 않았지만, 신부는 한국 사람들을 위한 일을 할 수 있을 때마다 기꺼이 참여하여 온 힘을 다했습니다. 그중에서 그가 가장 기억에 남는다고 한 일은 미군이 공산주의자들을 마을 밖으로 밀어내면서 해방된 안성 사람들과 만난 일이었습니다. 그는 지난 몇 달 동안 공산주의자들이 사용했던 교회를 찾아서 깨끗하게 청소한 다음 새로 해방된 사람들을 위해 미사를 드렸습니다. 고향에 보내는 편지에는 그날이 전쟁 중 가장 행복한 날 중 하나라고 썼습니다. 말이 통하지 않는 사람들과 함께 드리는 거룩한 미사였지만 하느님의 제대 앞에서 신부는 그들과 친구가 되었습니다.

불행하게도 이런 아름답고 평화로운 순간은 지속되지 않았습니다. 북으로 진격하는 부대를 따라간 카폰 신부는 1950년 11월 2일에 전쟁 포로가 되었습니다. 1950~1951년 겨울은 잔인했습니다. 그 겨울 동안 수많은 사람들이 카폰 신부를 찾았습니다. 천주교, 개신교, 유대교, 이슬람교, 심지어 무신론자와 불가지론자들까지도 카폰 신부에게 자문과 격려를 바랐습니다. 수용소에서 카폰 신부는 죄수들에게 충분한 식량과 약을 제공받기 위해 고군분투해야 했습니다. 이는 끊임없는 싸움이었습니다. 그러나 이렇게 기본적으로 살기 위해 필요한 물품을 제공하는 것보다 우울증을 앓는 듯 절망스러워하는 죄수들의 삶에 더 큰 피해를 주는 것을 방지하기 위한 영적 돌봄이 더욱 필요해졌습니다. 카폰 신부는 친구들에게 이를 제공하기 위해 모든 방법을 동원했습니다.

수용소에서 카폰 신부는 이질, 폐렴, 응혈증과 감염 등으로 생명이 위태로워졌습니다. 그는 군의관들의 빈약한 치료를 받으면서 생명을 유지했습니다. 조금씩 호전되는 모습에 신부와 가까웠던 사람들은 희망을 가졌습니다. 그러나 그의 건강 상태에 적군들도 관심을 보였습니다. 포로들에게 많은 희망을 가져다준 이 신부를 제거하고자 했기 때문입니다. 적군들이 신부를 끌고 간 수용소 병원에는 식량도 약도 없었습니다. 그러나 거기에서도 카폰 신부의 친구들은 늘어났습니다. 병원으로 이송되는 동안 카폰 신부는 적들과도 친구가 되었습니다. 그를 데리고 가는 이들은 쓰레기를 치우는 사람들이었는데, 그는 그들에게 자기가 해를 끼친 일이 있다면 용서를 구할 수 있도록 경비병들과 수용소 관리자들 앞에 멈춰 달라고 말했습니다. 그러고는 그들의 행복을 위해 기도를 드렸습니다. 카폰 신부는 이렇게 그리스도와 같은 방식으로 자신의 생명을 기꺼이 바쳐 죄인들을 용서하고 돌아가셨습니다.

카폰 신부가 죽은 지 70년이 지난 후에도 카폰 신부의 친구들은 계속해서 늘어나고 있습니다. 그는 북한과 중국의 국경에 있는 5호 수용소에서 홀로 숨졌지만 그의 이야기는 거기서 끝나지 않았습니다. 그의 동료였던 전쟁 포로들은 카폰 신부가 그리스도가 사랑한 것처럼 그들을 어떻게 사랑했는지 전 세계와 나눴습니다. 그에 관한 이야기를 듣는 사람들이 많아지면서 그의 친구들은 계속 늘어났습니다. 전혀 줄어들지 않고 해마다 늘어난 것입니다. 우리는 더 이상 카폰 신부를 직접 만날 수 없지만, 신앙과 기도로 그를 알 수 있습니다. 이 책을 고른 당신은, 그의 모범을 통해 고통 속에서 신앙의 기쁨과 희생의 기쁨 그리고 희망의 기쁨을 깨달을 수 있는 우정의 초대장을 받은 것입니다.

친구로서, 카폰 신부의 성인 시성을 위해 기도하도록 당신을 초대합니다. 긴 과정이지만 시성성에서도 그의 영웅적인 삶과 죽음을 인정하기를 바랍니다. 그리하여 그가 가경자가 되기를 기도합니다. 그렇게 된다면 그에게 전구하며 이루어진 몇 가지 기적을 검토한 다음 그를 복자라고 부를 수 있게 될 것입니다. 그리고 하느님의 뜻이라면, 하느님의 종 에밀 J. 카폰 신부가 언젠가는 성인 칭호를 받을 수 있기를 기도합니다.

그날이 오기 전까지, 우리는 카폰 신부의 친구로 남아 있을 것입니다. 이는 기쁜 일입니다. 그의 친구가 되어 그의 모범을 따르면서 우리는 사랑이 미움을 이기고 생명이 죽음을 이긴다는 것을, 우리가 서로 사랑하면서 하느님의 뜻을 따른다는 것을 알게 되었기 때문입니다.

하느님의 종 에밀 J. 카폰 신부님, 우리를 위해 기도해 주십시오.

하느님의 종 에밀 카폰 신부 시복 시성 주교 대표단
존 호츠 신부Reverend John Hotze, J.C.L.

머리말

《종군 신부 카폰》의 머리말을 쓰게 된 것을 나는 더없는 영광으로 생각한다. 캔자스주 위치토 교구의 사제로 대위가 된 에밀 카폰Emil Joseph Kapaun 신부는 1951년 5월 23일 북한 중공군 병원에서 포로의 신분으로 서거했다. 사제로 수품받은 지 10년 만에 35세를 일기로 세상을 마친 그의 생애는 너무나 짧지만 그는 6·25 전쟁의 위대한 영웅으로 우리에게 각인되어 있다.

카폰 신부의 주교로서 나는 그의 단엄端嚴한 성격과 본당 신부로서 보여 준 빛나는 경력들을 잘 알고 있다. 그와 함께 참전했던 병사들은 전장에서 드러난 카폰 신부의 각별한 용맹을 칭송했다. 이러한 이구동성의 발언들을 참고로 미국 정부는 주저 없이 이미 고인이 된 카폰 신부에게 동성 훈장 및 유공 십자 훈장을 수여한 것이다. 카폰 신부의 고귀한 인격과 용기와 항구심은 실로 지긋지긋했던 공산군 포로수용소에서 더욱 빛났다. 그가 전투 중에 보낸 서간이 아무 주석 없이 여기에 게재되어 있는 것만으로도 독자 여러분은 그의 위대한 영성 생활을 엿볼 수 있을 것이다.

　로마 신자들에게 보낸 서간 8장에서 바오로 사도는 주권을 에워싼 영靈과 육肉의 투쟁이 각 사람의 영혼 속에서 벌어지고 있음을 묘사하고 있다. 카폰 신부의 영육 간의 싸움은 이미 해결되었다. 이제 그는 신비로 가득한 내적 평화와 기쁨 속에 자리하고 있을 것이다. 여러 전우들의 증언에 의하면 카폰 신부는 완전히 자기를 잊고 오로지 하느님과 동료들을 위하여 전력을 다 바쳤다고 한다. 이 젊은 전사는 단지 자신의 말로 표현하지 않았을 뿐 진정한 마음의 평화를 누리고 있었을 것이다. 하느님은 카폰 신부에게 그 꾸준한 걸음걸이로 사제직의 절정까지 도달하였다는 것을 조용히 알려 주신 것이다.

　처참하고 피비린내 나는 전투 가운데 카폰 신부로부터 너무나 큰 감동을 받은 병사들은 그를 '전장의 그리스도'라고 불렀고, 냉혹한 공산군 수용소에서 감격한 동료 포로들 역시 그를 '성인'이라고 불렀다. 말 못 할 병고에 시달리다 마침내 죽음이 임박하여 시체실이나 다름없는 중공군 병원에 옮겨지던 순간에도 이 젊은 신부는 동료 포로들에게 미소를 지어 보였다. 십자가에서 고난을 받으신 주님을 따라, 카폰 신부는 "아버지,

저들을 용서해 주십시오. 저들은 자기들이 무슨 일을 하는지 모릅니다."(루카 23,34) 하고 조용히 기도하였다.

카폰 신부는 실로 수천의 병사들이 영생의 나그네로 이 세상을 하직하는 막다른 길목에서 그들을 전심전력으로 도왔다. 그러나 자기 자신은 그지없이 외로웠다. 지상을 떠나는 마지막 순간에도 그는 자기를 애도하려는 동료 포로들로부터 격리당했고, 7개월 동안 미사를 드리지도 못했다. 더욱이 주위엔 임종하는 그를 위해 진정한 기도를 해 줄 수 있는 이도, 병자성사를 줄 수 있는 이도 없었다. 카폰 신부는 십자가에 못 박히신 주님과 더불어 뭇사람의 더러운 불경과 저주 속에서 죽음을 맞이한 것이다.

그와 같은 사실이 있음으로 해서 작은 영혼들이 하느님의 은총에 힘입어 위대한 능력을 가질 수 있게 된다. 이 책을 읽는 사람들에게 하느님의 은총이 풍부히 내리기를 빈다.

위치토 교구장
마크 K. 캐럴 주교

차례

역자의 말 … 7
인사말 … 9
개정판을 펴내며 … 10
추천사 - 카폰 신부를 아시나요? … 14
추천사 - 우리를 위해 기도해 주십시오 … 19
머리말 … 25

제1장 소년 시절 … 30
제2장 신학생 시절 … 46
제3장 영원한 사제 … 68
제4장 착한 목자 … 76
제5장 하느님의 병사가 되고자 … 83
제6장 미얀마와 인도 … 91
제7장 다시 대학으로 … 101
제8장 다시 군복을 입고 … 112

제9장 일본 ··· 126

제10장 전투 전날 ··· 145

제11장 저항 없는 포로 ··· 163

제12장 메이요 중위의 회고 ··· 178

제13장 진심에서 우러나오는 말 ··· 197

제14장 성스러운 모습 ··· 220

제15장 가시철망을 쓴 그리스도 ··· 230

제16장 훈장 ··· 239

제17장 추도 미사 ··· 249

제18장 찬사 ··· 257

제19장 동방 박사들이 오다 ··· 274

부록 - 카폰 신부의 약력 ··· 285

제1장
소년 시절

    1916년 4월, 부활 주일을 며칠 앞두고 있을 때였다. 미국 중동부 캔자스주 필센에서 서남으로 3마일 떨어진 조그마한 농가에서 에노 카폰과 그의 부인 엘리자베스는 첫아이의 탄생을 기다리고 있었다. 그들은 만반의 준비를 갖추고 침대를 주방 난롯가에 옮겨 놓았다. 20일 오전 11시 30분, 젊은 부부는 첫아들을 반갑게 맞았다. 바로 그날은 성목요일, 그리스도께서 성찬례를 제정하신 기쁜 날이었다. 신앙심이 두터운 부부는 최후의 만찬을 기념하는 축일에 태어난 첫아이에게 주님께서 축복을 내려 주시기를 기도했다. 이들 부부는 소박하고 견실하고 근면했다. 왕년에 보헤미아에서 수세기를 두고 왕성했던 가톨릭에 토대를 둔 그들의 신앙 또한 더욱 굳건하고 열렬했다.

나는 1916년 5월 9일, 하젝 출신인 에노 카폰과 엘리자베스 카폰의 아들로 1916년 4월 20일에 탄생한 에밀 카폰에게 세례를 주었다. 대부모는 존 멜처와 그의 처 세실 멜처.

존 스크레나 신부.

선량한 이들의 종교적 기반은 옛날 9세기까지 거슬러 올라간다. 당시 치릴로 성인과 메토디오 성인이 보헤미아 지구인 보헤미아, 모라비아, 실레시아 세 지역에 신앙을 전도했다. 이들의 손으로 깊이 심어 놓은 신앙의 씨는 오랜 세월을 두고 뿌리를 내려 마

아기 에밀을 안고 있는 카폰 부부

침내는 바다 건너 신대륙에까지 퍼지게 되었다. 이들 두 사도의 거대한 석상은 캔자스주 필센 성당의 정면 벽감에 서 있다.

카폰 집안의 농가

필센은 캔자스주 애빌린에서 40마일 남쪽에 있는 조그마한 부락으로 아이젠하워 대통령의 고향이다. 1890년 46세대의 보헤미아 사람들이 이곳 필센에 정착했다. 땅은 비옥했으나 경작하기엔 무척 힘든 곳이었다. 그곳 대부분의 토지를 소유하고 있던 산타페 철도 회사는 싼값으로라도 의욕에 찬 이 이민자들에게 토지를 매도하려고 했다. 그들은 주택, 창고, 울타리를 건조해야 했고, 말과 수레 같은 도구도 갖춰야 했다. 철도 회사가 할 사업도 많았거니와 정착민들에게는 벅찬 일거리가 많았다.

개척자들은 신앙을 간직하고자 주일에는 '아름다운 서부 학교'에 모여 제이콥 루돌프 씨의 영적 지도를 받았다. 그는 성경을 통해 복음의 가르침을 깨우쳐 주고, 아이들에게 성가도 가르쳐 주었다. 그는 또한 부활절마다 마을 사람들이 신부에게 직접 성사를 받을 수 있도록 주선하고, 몸소 말을 몰고 60마일 밖에 있는 엠포리아까지 가서 신부를 모시고 왔다.

교구의 수호자 요한 네포묵 성인은 1640년경 보헤미아에서 탄생하였다. 그의 이름은 바로 출생지 네포묵에서 딴 것이다. 그는 보헤미아의 으뜸가는 수호자로서, 그 나라 백성들을 자연 재해와 여러 외압에서 보호하고, 백성들이 고해를 잘할 수 있도록 주님께 끊임없이 기도를 드렸다. 이 순교 사제의 동상은 지금도 필센 성당 제대 위에 높이

성 요한 네포묵 성당

서 있다. 오른손 검지를 입술에 지그시 눌러 댄 모습은 마치 신부의 엄숙하고 신중한 책임, 고해의 비밀에 따른 희생들을 드러내는 듯하다.

　1915년에 건립되어 마을 한복판에 우뚝 솟아 있는 장대한 성당 건물은 120피트의 종탑과 더불어 몇 마일 밖에서도 볼 수 있다. 본당 구내에는 650명을 수용할 수 있는 성당과 사제관, 학교와 강당 겸 체육관 및 수녀원 건물이 자리하고 있다. 본당 구역 내에는 약 175세대의 농가가 있다. 본당 서북쪽에는 되도록 성당 가까이에서 살고자 하는 미망인들의 간소하고 견실한

주택들이 줄을 지어 있다. 성당 북쪽에 기거하는 다섯 명의 과부 할머니들은 매일 저녁 렌니젝 할머니 집에 모여 보헤미아어로 묵주 기도를 올렸다.

독일과 보헤미아의 혈통을 받은 에노 카폰은 1880년 체코슬로바키아에서 태어났다. 미국으로 건너갈 당시 일곱 살이었던 에노 카폰의 여권은 현재 그의 유품으로 남아 있다. 그는 당시의 항해와 캔자스 프로릭스까지의 기차 여행과 필센까지의 달구지 여행을 언제나 즐겨 말하곤 했다.

엘리자베스 하젝 카폰은 1895년 와키니에서 12마일 떨어진 캔자스주 트레고에서 보헤미아인 부모에게서 태어났다. 에노와 엘리자베스는 1915년 5월 18일에 스크레나 신부의 주례로 필센 성당에서 결혼했다. 이 개척자 신부는 그 후로 42년 동안 필센의 주임 신부로 지냈다. 어린 소년 카폰은 이따금 농담 반 진담 반으로 "저도 스크레나 신부님처럼 되겠어요."라고 말했다.

이처럼 캔자스의 일개 농부의 아들인 카폰이 각계각층의 사람들에게 성인, 영웅, 숭배의 대상이 될 수 있었던 이유를 우리는 그의 가정과 교회 생활, 학교생활에서 찾아볼 수 있다. 어려서부터 그는 집에 걸려 있는 여러 가지 성화를 보았고 영어와 보헤미아어로 기도하는 소리를 매일같이 들었다. 엄한 아버지와 부드러운 어머니의 손에서 자라면서 그는 부모의 독실한 신심을 따를 수 있었다. 그의 어머니의 말대로 그는 어려서부터 "언제나 하느님과 가까이 있었다."라고 할 수 있는 탁월한 배경과 성격을 지녔던 것이다. 말

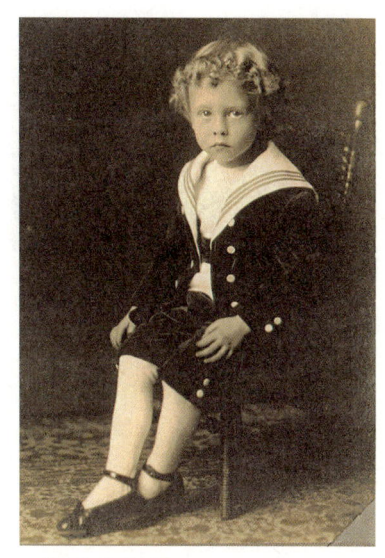

4세경의 에밀 카폰

을 제대로 배우기 이전부터 성화, 기도서, 종교 잡지나 신문을 가까이 두었고, 독서와 글공부를 좋아했다. 그는 성화를 보는 것, 특히 그림의 뜻을 설명해 주는 것 역시 좋아했다.

어머니는 에밀이 낚시도 좋아했다고 전한다. 여섯 살 때 5파운드나 나가는 메기를 잡고는 너무 좋아 흥분한 나머지 낚시 도구와 고기를 둑에 그대로 둔 채 집으로 달려와서는 어머니 아버지를 끌고 가 그것을 보여 주려 했다. 하지만 고기를 묶어 놓지 않아 이미 물속으로 도망간 뒤였다고 한다. 그가 어릴 때

에밀과 그의 어머니. 6세경 집안의 농가에서

훌륭한 낚시꾼이었다는 것은 이웃 조 메이싱도 잘 알고 있었다. 그가 카폰의 집 근처 크리크에서 품꾼들을 사서 낚시를 가던 도중에 어린 에밀과 함께 어울리게 되었다. 메이싱 일행은 좋은 낚시 도구를 가져갔으나 에밀은 그렇지 못했다. 그러나 어린 에밀은 자신만만하게 둑 언저리에 낚싯줄을 드리웠고 이내 3파운드가량 되는 고기를 멋지게 잡아들였다. 이에 놀라 그곳에 있던 이들 모두가 어안이 벙벙해졌다고 한다.

6세가 된 에밀 카폰

일곱 살 무렵 어느 날 오후, 에밀은 고기잡이를 갔다가 다리가 긴 물새가 물을 치고 가는 것을 보았다. 집에 돌아와 저녁 식사를 하다가 에밀은 "어머니, 저 오늘 오후에 황새를 보았어요. 그 황새에게

아가 동생 하나 데려다 달라고 했어요."라고 말했다. 그의 어머니는 이렇게 전한다. "정말 1년 후에 그 황새가 아가 동생을 데리고 왔지요." 에밀이 여덟 살 되던 해 1924년 3월 10일, 동생 유진이 태어났고 이 동생 외에는 다른 형제자매가 없었다.

에밀(오른쪽)과 동생 유진(왼쪽)

어머니는 에밀이 미사 복사를 배우던 때를 떠올리며 눈물을 흘렸다. 에밀은 틈만 나면 뜰에 나가 두 손을 모으고는 나무 앞에서 무릎을 꿇고 사제들이 하는 동작들을 두루두루 몇 번이고 되풀이하며 흉내 냈다. 뜰에서 놀다가도 아무도 모르게 제단을 꾸며 놓은 앞방으로 빠져나가 신부 노릇을 하기도 했다. 또한 에밀은 제단을 꾸미려고 봄바람만 불면 꽃도 채 피기 전에 숲과 크리크의 둑으로 꽃송이를 찾아다녔다.

에노 카폰은 40년이 넘는 기간 동안 농장을 관리하며 생계를 꾸렸다. 그 규모가 무척 컸기 때문에 여러 가지 할 일들이 많았다. 어린 카폰은 다른 아이들처럼 꾀를 부리는 일 없이 아버지를 따라다니며 곧잘 일을 했다. 특히 저녁이 되어 모두가 잠시 쉬는 틈에도 에밀은 제초기를 가지고 뜰에 나가 긴 울타리를 돌며 잡초를 뺐다. 여가 시간에 집 가까이 흐르는 냇물에서 목욕을 하거나 어깨에 낚싯대를 메고 단골 낚시터를 찾아가는 것이 에밀의 재밋거리였다. 또한 에밀은 만사에 열심이었다. 뛰고 놀든, 다른 곳으로 등산을 가거나 사냥을 하든, 항상 힘차고 씩씩했다. 그는 농기구를 만들고 수리하는 데도 능숙했다. 이러한 재주를 통해 후일 고난이 다가왔을 때에도 자신은 물론 동료 포로들에게 큰 도움을 줄 수 있었던 것이다.

부모에게서 전형적인 보헤미아인의 기질을 물려받은 그의 성격은 씩씩하고 남성적이며 신중했다. 입가에 잔잔한 미소를 머금고 사람들을 대했으며 사람들을 즐겁게 해 주는 유머 감각도 있었다. 그는 마을 사람들과도 잘 어울렸다. 모두 일을 마치고 나면 어른과 아이가 허물없이 한자리에 모여 서로 이야기를 주고받았다. 애정이 넘치는 이웃 간의 관계는 특히 이 마을의 자랑이었고, 이러한 바탕에서 더욱 돈독해진 그들의 가톨릭 신앙은 생활의 중추가 되었다.

필센 성당의 은빛 첨탑은 단순한 보물이라기보다는 그 지방 사람들의 정신과 교육, 아울러 사회생활의 핵심이었다. 그들은 친목 도모를 위한 춤 경연이라든가 바자회 같은 행사들을 성당 회관이나 성당 구내에서 열었다.

에밀은 언제나 온화하고 부지런하며 늘 올바른 판단을 하기 위해 노력하는 사람이었다. 그가 웃을 때면 큰 눈과 코가 보기 좋게 찡긋거려 하얀 이가 더욱 돋보이곤 했다. 에밀의 부모는 그에게 헌신적인 마음과 어떠한 환경에서도 이겨 나갈 수 있는 힘과 우리의 마음과 영혼을 바르게 인도해 주시는 하느님이 항상 곁에 계시다는 신념을 불어넣어 주었다.

1922년 11월 5일, 여섯 살이 된 에밀은 본당 내에 위치한 필센 학교에서 정규 교육을 받기 시작했다. 캔자스주 위치토의 성혈회聖血會 수녀들이 학교에서 아이들을 가르쳤다. 총명하고 기억력이 좋았던 에밀은 우수한 성적으로 8년 과정을 6년에 마쳤다. 에밀의 8학년 담임 교사였던 고레타 수녀는 에밀을 이렇게 기억했다.

"그 아이는 언제나 다른 아이들보다 앞섰습니다. 글을 가르칠 때에도 그다지 힘들지 않았지요."

이따금 어려운 산수 문제를 다른 학생들에게 설명해 주라고 하면 에밀은 겸손하고 의젓한 태도로 설명을 이어 갔다. 종교

수업을 맡고 있던 스크레나 신부도 종종 에밀에게 다른 학생들에게 내용을 설명해 주라고 했다.

거의 모든 수업이 보헤미아어로 이루어졌기 때문에 에밀은 그 말에 좀 더 익숙해지고자 열심히 노력했다. 집에서는 보통 영어를 사용했지만 어머니와는 꼭 보헤미아어로 얘기했다. 에밀에게 보헤미아어를 가르쳤던 글라라 수녀는 에밀이 자기보다 능숙한 친구들의 충고를 솔직하게 잘 받아들였다고 했다.

"에밀은 꾸밈이 없는 소년이었어요. 장난도 잘 치고 농담을 하기도 하고. 선생님이나 친구들의 흉내를 내기도 했지만, 그렇다고 남의 비위를 거스르는 일은 없었습니다."

에밀은 종종 쉬는 시간이면 조용히 근처에 있는 성당에 가서 짧게나마 기도를 올렸다. 6년간 학교를 다니며 빠진 일도 거의 없었다. 집에서 학교까지는 3마일이나 되었던 데다 겨울이 되면 추운 날씨에 길이 이따금 끊어지기도 했지만 에밀은 다른 아이들보다 한 시간 빨리 성당에 와서 스크레나 신부를 도와 미사를 드렸다. 물론 방학이나 휴일에도 쉬지 않고 신부를 도와주었다. 봄과 가을에는 자전거에 들꽃을 한 짐씩 싣고 학교에 갔다. 특별히 그가 신심을 가졌던 성모님을 위해 꽃을 모아 날랐던 것이다.

에밀이 열 살이었을 때 여러 가지 일로 정신없이 바쁘던 어머니는 에밀에게 우유를 짜 오라고 했다. 에밀은 우유를 짜려고 암소에게 다가갔지만 암소는 도무지 말을 듣지 않고 괄괄하게 굴었다. 에밀은 어머니의 모습이 아니라서 암소가 덤비는 것이라 생각하고 어머니의 옷으로 갈아입고 다시 암소에게 다가갔다. 사나웠던 암소는 곧 온순해졌고 에밀은 아무 탈 없이 우유를 짜 올 수 있었다.

에밀의 첫 영성체 날, 1924년 5월 29일

또 한번은 동생이 에밀을 보고 장난감 탈곡기를 하나 만들어 달라고 졸랐다. 에밀은 "하나 만들어 줄 테니 내가 일을 마칠 때까지는 조용히 있거라." 하고 타이르고는 몇 시간 동안 망치로 뚱땅거린 끝에 드디어 장난감을 완성해 동생에게 건네주었다. 유진이 장난감이 움직이지 않는다고 불평을 하자 에밀은 정말 탈곡기처럼 모래를 한쪽에 넣고 다른 쪽으로 쏟아 부어 동생을 만족시켰다. 이처럼 에밀은 꾀가 많았다.

　1928년 5월 18일, 매리언에서 8학년을 마친 에밀은 이듬해 가을 필센 고등학교에 진학하여 2년간 수학했다. 이 기간 동안 카폰 집안에서 같이 살면서 공부했던 사촌 에밀 멜처는 그와 둘도 없는 친구가 되었다. 한번은 필센 고등학교의 수녀들이 새집을 잘 만든 사람에게 상을 주겠다고 한 적이 있었다. 두 사람은 곧 집을 꾸미기 시작했다. 시간이 나는 대로 일을 진행하여 드디어 스물두 개의 방이 있는 새집을 완성한 뒤 낡은 전신주 꼭대기에 새집을 달아 학교 운동장에 세웠다. 이리하여 그들의 새집은 일등상을 타게 되었고 그곳은 모든 새들이 즐기는 모임터가 되었다.

　그들은 학업에도 열심이었다. 식탁은 곧 그들의 책상이 되곤 했다. 어머니가 밤이 이슥해서 주방에 들어가 보면 열심히 공부하는 그들의 모습을 볼 수 있었다. 에밀의 고등학교 2학년 담

에밀이 다닌 필센 소재의 고등학교

임 교사였던 수녀가 보낸 편지를 보면 그의 성품을 더욱 잘 알 수 있다.

1954년 1월 17일.

톤 신부님, 신부님의 분부대로, 에밀이 학생이었던 25년 전을 더듬어 두서없는 생각을 몇 가지 적어 봅니다.

에밀은 가장 성실히 학업에 열중하는, 신앙 또한 두터운 학생이었습니다. 그렇다고 제 재간이나 내면적인 선을 함부로 남에게 내보이는 일이 없었습니다. 종교 시간에는 언제나 스크레나 신부님을 도와 드리며 보헤미아어로 성경을 낭독했고 동급생들에게 서투른 곳을 지적해 달라고 부탁했습니다. 이렇게 쉬운 것, 어려운 것을 가리지 않고 열심히 공부한 에밀은 좀처럼 틀리는 일이 없었습니다. 에밀은 특히 라틴어에 취미가 있었습니다. 앞으로 공부를 계속하려면 라틴어가 상당히 중요하다는 사실을 잘 알고 있었던 까닭이었을 겁니다. 단어 어형 변화, 동사 변화 등을 습득하던 총명함과 침착함으로 그는 콘셉션 신학교에서 그 이듬해 가을 우수한 성적을 올렸습니다. 에밀이 평균 96점을 받아 시험에 합격했다는 편지를 직접 저에게 보내왔습니다. 이렇게 훌륭한 성적을 낸 것은 제 가르침보다는 학생 자신이 총명하고 근면했기 때문이라고 생각합니다.

에밀이 신부가 되기를 열망하고 있다는 것을 안 저는 그를 불러서 '네가 신학교에 가는 것을 혹 부모님께서 꺼리시거든 골롬반 신부님들에게 편지를 보내 경제적인 도움을 주십사 하는 청을 해 보거라.' 하고 권했습니다. 저 또한 에밀의 여러 사정을 참작할 수 있는 서류를 챙겨 함께 보냈습니다. 얼마 지나지 않아 골롬반 신부님들로부터 경제적인 부담 없이 에밀을 받아 주겠다는 회답이 왔습니다. 그 후 저희는 스크레나 신부님에게 그간의 사정을 말씀드렸습니다. 신부님은 에밀이 교구 신부가 되어야 한다고 하시면서 모든 일을 제쳐 놓고서라도 에밀의 학비를 전부 부담하겠다고 하셨습니다. 에밀의 부모님과 에밀은 스크레나 신부님의 생각을 따랐습니다. 특히 에밀은 신부가 될 수 있다는 것에 아주 기뻐했습니다. 그는 외방 전교회에 관심이 많았습니다.

성품성사를 받기 바로 전 성탄절에 그는 저한테 큰 영적 선물을 보내왔습니다. 저는 그것을 받고 그만 눈물을 흘렸습니다. 그 카드에 30일 이상을 두고 그가 바친 기도와 봉헌이 적혀 있었기 때문입니다.

제가 기억하는 에밀이 보낸 물질적 선물은 첫 미사에 와 달라는 초청장과 두 장의 성화뿐입니다. 그러나 그토록 양심적이고 열심이고 거룩한 학생이 제가 담당했던 반에 있었다는 기억이 제게는 더없이 큰 선물이 되었습니다.

캔자스 그린넬 안젤루스 학교
M. 비탈리아 수녀 올림.

제2장
신학생 시절

1930년 9월, 에밀 카폰은 미주리주 콘셉션 신학교에 진학했다. 그러나 그 당시 이 학교는 신학교라기보다 엄격하게 고전을 교육하는 기숙 제도의 고등학교 내지는 단과 대학 수준이었다. 신학교의 교장인 성 베네딕토회의 에드워드 마론 신부는 대다수의 학생들이 사제직을 희망하고 입학한 것은 아니었다며 카폰 신부에 대해 이렇게 전했다.

"나는 학생으로서의 카폰 신부를 잘 알고 있습니다. 이제 그를 떠올릴 때면 마치 판타지 소설 하나를 읽고 나서 그것을 다시 떠올리는 듯한 느낌이 듭니다. 책의 흐름을 따라가다 보면 쉬이 결말을 알아챌 수 있는 것처럼, 카폰 신부의 경우가 그렇습니다. 누구나 카폰 신부에 관한 여러 가지 일들을 생각합니다. 당시에는 아무렇지도 않았던 조그마한 일이었을지도 모릅니다. 하지만 우리가 어려움을 겪게 되면 그때의 작은 일만으로도 다시금 카폰 신부를 떠올리게 됩니다. 카폰 신부같이 조용하고 나서기를 꺼리는 호인이 어떻게 위험에 빠질 수 있느냐, 라고도 생각할 수 있겠습니다만……

카폰 신부는 미식축구를 할 때에도 언제나 남의 눈에 띄지 않는 곳에 자리하곤 했습니다. 그는 근육질의 완력 있는 청년도 아니었고 학교 팀의 선수가 될 만한 체력을 가지지도 못했습니다. 그렇지만 꾸준히 경기에 출전하여 스크럼을 짠 틈 속에서 빠져나와, 보는 사람들로 하여금 언제 저 틈에 끼었었나 하고 놀라게도 했습니다. 물론 우리가 언제나 그러한 식으로 전쟁에서 이길 수는 없습니다. 그런 식으로 경기에서 승리할 수도 없는 노릇이지요. 그러나 그에게는 불리한 경우에도 핵심에 파고들 수 있는, 굽히지 않는 정신이 있었습니다. 카폰 신부가 미래를 가늠할 수 없는 냉혹한 판국에 몰렸던 압록강 연안에서 끝까지 직분을 완수해 나간 것도 필경 그러한 정신에서 비롯되었으리라고 생각합니다.

학업에 있어서도 카폰 신부는 언제나 우수했습니다. 모든 일에 신중하고 겸손한 태도로 임했으며 언제나 동료들 가운데 최고였습니다. 처음에는 그보다 더 빛나고 좋은 학생들도 있었으나 결국에 가서는 그가 단연 두각을 드러냈습니다."

끝으로 마론 신부는 그의 제자 신부들이 재입대차 피정하던 때를 회상하면서 말을 맺었다.

"위대한 전사이자 사제였던 카폰 신부를 가르칠 수 있었다는 것이 자랑스럽습니다만 조금 미안한 마음도 듭니다."

여러 동급생과 교수들이 카폰 신부의 콘셉션 신학교 재학 시절을 말할 때마다 한결같이 그의 침착함, 다정함, 호의, 친근함, 신뢰를 강조하곤 한다. 월터 히니 신부는 카폰 신부를 회고하며 이렇게 전했다.

"에밀은 아주 평범한 사람이었습니다. 공부할 때에는 충실히 공부하고, 운동할 때에는 그에 맞게 열심히 운동했습니다. 유흥에 시간을 낭비하지 않는 명석한 학생으로 독서를 즐겼습니다. 철학 시간이 되면 교실에 모여 있던 동급생들이 라틴어와 그리스어를 잘 알고 있던 그에게 여러 가지 질문을 하고 도움을 받기도 했습니다. 에밀은 독특한 기질을 가졌으면서도 그다지 눈에 띄게 행동하지는 않았습니다. 그는 누구에게나 깨끗하고 말끔한 인상을 주었습니다. 어떤 사람도 에밀에 대해 걸쭉한 농담을 하지 않았으니까요. 그는 주로 제의방에서 일하며 기도를 드리곤 했습니다. 누구에게나 친근했고 일을 잘 도와주었습니다. 그는 우수한 학생이었지만 자기의 지식을 섣불리 내보이는 일은 하지 않았습니다. 에밀은 또한 소인극회素人劇會와 동정 성모회, 혼성 합창대 등에서 활약했습니다. 핸드볼을 즐겨 했고 산보도 좋아해서 종종 성당에서 꽤 멀리 있던 성모 동굴까지 가기도 했습니다. 성모님께 대한 그의 신심은 지극하였습니다."

다른 사람들도 자신을 낮추고 드러내려 하지 않는 그의 태도에 깊은 인상을 받았으며, 어떠한 경우에도 절대 과격하게 행동하지 않았다고 전했다. 당시 그는 야위고 어깨가 약간 처진 모습이었지만 언제나 다른 이들의 이목을 끄는 사람이기도 했다.

에밀은 일찍이 동급생들에게 순교자가 되고 싶다는 고백을 한 일이 있었다. 그의 동생 유진은 이에 대해 다음과 같이 말했다.

"제가 아는 한, 형은 언제나 사제가 되려고 했습니다. 그래서 종교에 대한 공부를 늘 열심히 하였습니다. 그러나 다른 사람에게 자기가 성직자가 되겠다는 결의를 직접 표한 적은 한

번도 없었습니다. 그 대신 형은 친한 사람들과 얘기를 하다가 은연중에 성직에 대한 자신의 마음을 드러내곤 했습니다."

그러한 방법으로 에밀은 오랜 세월을 두고 만나는 사람마다 그들의 종교에 상관없이 자기의 소신을 알려 그의 목적을 달성해 나갔다. 당시 카폰의 영성 지도 신부였던 베네딕도회의 베다 스콜즈 신부는 카폰 신부가 신학생 시절 한때 신학 공부를 포기하려고 해, 그가 평소에 궁금해하던 문제들을 함께 상담하고 공부를 계속하도록 격려해 주었다고 전한다.

"그는 아주 깊고 올곧은 신심을 가지고 있었습니다. 따라서 저는 그가 자신의 목적을 달성하는 데 별 어려움이 없으리라 믿었습니다. 그는 제의실과 도서실 등에서 하는 일이 많았는데도 매일같이 성당에서 기도하는 데 많은 시간을 바쳤습니다. 이러한 신심을 바탕으로 그는 더욱 미사를 존중하게 되었습니다. 종군 사제 시절 피정차 묵상하기 위해 귀향했을 때도 역시 그러했습니다. 한번은 제게 피정 때 자기가 올리는 미사 예절을 바로잡아 달라고 청하면서, 무엇보다도 중요한 미사를 소홀히 하지는 않았는지 모르겠다고 말했습니다. 학생 시절에 그는 다음 날 미사 경본을 전날 밤에 미리 한번 읽어 보는 등 준비를 착실히 했으며, 신부가 되어서도 그 습관을 버리지 않았습니다. 그는 또한 자기 힘이 미치는 데까지 남을 도왔습니다. 언제나 조용했으며 남들이 자기 잘못을 지적하는 것 또한 기꺼이 받아들였습니다. 저 역시 학생 시절의 그를 성인으로 본 것이 아니라 기도를 대단히 좋아하는 사람으로 보았습니다."

카폰 신부의 교수였던 다미안 캅민스 신부는 콘셉션 대학에 다니던 때 그에게 깊은 인상을 받았다며 다음과 같이 말했다.

"성년기에 들어선 그는 대단히 침착하여, 쉽사리 들뜨지 않는 진중함을 가지고 있었습니다. 이것은 그가 움직이기를 싫어했다는 것이 아니라 깊이가 있고 경박하지 않았다는 것을 말해 줍니다."

1937년 여름, 유럽 여행을 떠난 스크레나 신부를 대신하여 필센 성당을 맡아 본 다미안 신부는 카폰 신부를 다음과 같이 기억했다.

"그해 여름, 당시 신학생이었던 레오리 다운 신부가 캔자스 시티에서 에밀을 찾아와 며칠을 함께 지낸 일이 있었습니다. 상쾌한 기분으로 그들과 이야기를 나누며 시골길을 걷고 있을 때 에밀은 제게 수도자가 좋은지, 재속 사제가 좋은지를 단도직입적으로 물었습니다. 반반이라고 대답하자 그는, 성품을 받게 된 어떤 신학생이 교구 사제의 책임을 두려워한 나머지

켄터키주에 있는 트라피스트회의 수도자가 되었다는 이야기를 해 주더군요.

그해 노동절에 콘셉션 수도원에 들어가야 했던 저는 노스다코타 전교회에 차 한 대를 선물로 전달해 주어야 했습니다. 카폰 농장에 들렀다가 어려운 사정에 대해 이야기를 꺼냈더니 에밀의 어머니께서 에밀이 세인트루이스의 켄릭 신학교로 들어가는 길에 저를 태워 줄 수 있을 것이라고 말씀하셨습니다. 비가 그치고 난 뒤 우리는 새로 깐 자갈길 위로 엠포리아까지 쉼 없이 달렸습니다. 힘겨운 여행이었는데도 에밀은 불평 한마디 하지 않았습니다."

콘셉션 신학교에 다니던 6년 동안 에밀은 여름마다 집에 돌아와 여러 농사일을 거들어 주었다. 그는 흙과 먼지를 잔뜩 뒤집어쓰면서도 몸을 아끼지 않고 일했다. 캔자스의 6월 뙤약볕을 쪼이며 타작하는 것은 그야말로 숨이 막히는 일이었다. 이웃이었던 마틴 크렌다는 어느 날 카폰이 장갑도 없이 손이 터지고 부르트도록 일하는 것을 보고는 왜 맨손으로 일하느냐고 물었다. 카폰은 당연하다는 듯이 이렇게 대답했다고 한다.

"주님께서 십자가에 못 박히실 때 겪으신 괴로움을 생각하고 싶습니다."

어느 날 낮에 일꾼들이 먼지를 뒤집어쓰고 허기와 피곤에 지쳐 돌아왔을 때의 일이다. 카폰 부인이 부랴부랴 점심 준비를 하는데도 누구 하나 거드는 사람이 없자 에밀은 쉬지 않고 모든 사람이 배불리 식사를 할 수 있도록 어머니를 도왔다. 그러고 난 다음에야 에밀은 비로소 점심을 먹기 시작했다.

기숙사비와 학비는 장학금으로 충분했지만 차비 등 여타의 비용이 필요했던 에밀은 병아리를 길러 돈을 마련하기도 했다. 에밀이 학교에 간 봄철에는 어머니가 병아리를 보살펴 주었다. 병아리를 키우는 일 외에도 에밀에게는 늘 바쁜 일들이 많았다. 하지만 아무리 할 일이 많고 바쁜 날이라도 아침에는 반드시 미사에 참례하고 영성체를 했으며, 자주 다른 아이를 대신해서 미사 복사도 했다.

동생 유진이 1학년일 때 에밀은 콘셉션 신학교에 다닐 때라 두 형제는 여러 달을 헤어져 있을 수밖에 없었다. 크리스마스 휴가 때나 되어야 둘은 하루 종일 사냥을 한다든가 얼음 타기를 하면서 시간을 보낼 수 있었다. 유진은 형과 함께 농장 가까이 흐르는 도랑을 막아 수영장을 만들었던 일을 떠올리며 이렇게 말했다.

"점점 물이 많이 고이자 아버지는 다리가 떠내려간다고 몹시 화를 내셨습니다. 형님께서 걱정 없다고 아버지께 잘 말씀을 드렸으나 우리 역시 한동안 불안해했습니다."

에밀의 영성 생활은 말하자면 깊은 계곡에서 흐르는 물 같아, 자기 신심을 남에게 내보이기를 꺼리는 그런 것이었다. 그러나 그는 신학생으로서 다른 사람들과 마찬가지로 매일 미사에 참례하고 성체를 영했으며 성체 조배를 하고 십자가의 길, 묵주 기도를 바쳤다. 에밀은 특히 성모님께 대한 신심이 깊었다. 그의 기도서 책장에 수없이 나 있는 손자국만 보아도 그가 얼마나 기도를 열심히 드렸는지 알 수 있다.

에밀 카폰에게, 그레고리 신부로부터.

책장 표제 — 은총을 받으신 성모 마리아의 힘과 지혜와 인자하심을 위한 성모송 세 번.

실천 — 아침저녁으로 성모님이 주시겠다 하신 특전을 위하여 성모송을 바치고 아울러 다음과 같은 기도문을 외울 것.

아침에 외울 기도문: 성모님, 오늘 하루 모든 죄로부터 저를 보호하소서.

저녁에 외울 기도문: 성모님, 이 밤에 모든 죄로부터 저를 보호하소서.

보통 신학생 생활이란 빈틈없이 빡빡하게 짜인 시간표에 따라 움직이는 금욕의 시간이다. 그 가운데서도 에밀의 근면성은 탁월했다. 콘셉션 신학교에서 주교에게 추천장을 보낸 것 역시 에밀이 4년 동안 쌓은 우수한 성적을 토대로 한 것이다.

"저는 언제나 에밀 카폰이 사제로서 적합한 후보라고 생각해 왔습니다. 이에 그를 추천해 올립니다. 서류를 보셔도 아시겠지만 그는 훌륭한 재능을 지니고 있으며 학교 내외의 생활에서도 아주 모범적인 태도로 임하고 있습니다. 학구 태도 역시 최고라 하겠습니다."

특히 에밀은 콘셉션 신학교에서의 마지막 2년 동안, 철학 수업에 주력했다. 철학은 4년간의 신학 공부와 더불어 앞으로의 연구를 위한 준비이자 신부가 되기 위해 필요한 최소한의 과목이었다.

에밀 역시 다른 신학생들과 마찬가지로 가끔 성소에 대한 문제, 곧, 성소에 대한 의심이라든가 정말 자신이 하느님의 사제가 될 수 있을까 하는 걱정에 사로잡힌 적이 있었다. 심지어 신학생일 때에도 에밀은 다른 친구가 "자네는 후에 꼭 신부가 될 것"이라고 하면 "글쎄, 해가 서쪽에서 뜬다면 내가 혹시 신부가 될지도 모르지." 하고 대답하기도 했다.

솔직히 그는 예수님의 종으로서 지니게 될 지위와 책임이 너무 버겁다고 느꼈다. 그가 평소에 보낸 여러 편지에서도, 자기가 맡은 그 고귀한 일에 비해 자신의 능력이 부족하다고 솔직히 고백하고 있다. 마을에 장이 서 온 사람들이 떠들썩했던 어느 주말에 에밀은 몇몇 친구와 함께 매리언 청사 계단에 앉아 자신의 성소에 대한 회의를 심각하게 토로한 적이 있었다. 이에 친구들이 강경히 타이르고 설득해 그는 다시 정신적으로 큰 힘을 얻게 되었다. 사실 당시 에밀은 경제 사정이 그다지 좋지 못했던 부모님을 도와 드리고 싶었던 것이다.

1936년 9월 11일, 에밀은 드디어 미주리주 세인트루이스에 있는 켄리크 신학교에서 신학을 연구하게 되었다. 동창이며 친구인 베세키 신부는 그때를 회상하며 이야기를 전했다.

"그는 나이가 많고 적음을 떠나 누구에게나 사랑을 받았고 또한 모든 사람을 사랑했습니다. 운동이나 오락보다 공부에 더 치중했지만 그는 웃는 낯으로 사람들을 대하며 누구의 일이든 잘 거들어 주었습니다. 또한 그는 가끔 틈을 내 신학교 안에 있는 연못에서 낚시를 했습니다. 잡은 고기들은 언제나 주방 수녀님들 차지였지요."

카폰 신부의 성격은 특히 그가 친구들에게 보낸 편지에서 잘 드러난다. 친구 중에서도 첫손가락에 꼽히는 이는 그의 사촌 에밀 멜처다. 필센에서 2년 동안 함께 살며 통학했고, 좋고 나쁜 때를 가리지 않고 한결같이 마음을 나눈 친구였다. 그 후 그들은 서로 떨어져 지내게 되었고 그간에 수많은 편지를 주고받았다. 에밀이 신부가 되기 직전에 보낸 편지를 보면 신학생으로서 또 가장 가까운 친구로서 느낀 그의 심정을 속속들이 들여다볼 수 있다.

1938년 2월 1일.

켄리크 신학교에서 그리운 에밀리오에게.

어떻게 지내나? 나는 잘 있네. 좀 더 일찍 편지를 보내지 못해서 미안하네. 워낙 시간도 없는 데다 시험하고 씨름하느라 정신이 없었네. 결국 요행히 케이오는 면하고 결국 판정으로 내가 이긴 셈이 되었지. 생각해 보니 9회전이나 되는 싸움에서 간신히 이겼다고 할까. 벅찬 시험을 아홉 개나 치르고 났으니 말이야.

늦었지만 지난번 크리스마스 선물은 정말 고마웠네. 나 역시 머지않아 부르심이 있는 곳으로 떠날지도 모르겠네. 그러고 보니 자네가 내 떠돌이 처지를 생각해서 보내 준 배낭이 더욱 고맙게 느껴지는군.

고향 소식은 어떤가? 마을 사람들의 소식이랑 결혼식, 장사, 그 밖에 즐거운 일들을 알고 싶네. 피터 루돌프의 결혼식에는 많이들 왔던가? 요즘 필센 소식을 통 듣지 못했네만 홍수 때문에 고생할 것 같지는 않았네. 신문을 보니 캔자스 지방은 가물어서 야단이라고 하더군. 이곳은 지난 토요일 밤에 비가 한바탕 잘 쏟아졌다네.

얼마 전 이곳에서 매우 슬픈 일이 있었네. 학우 하나가 맹장염에 걸렸는데 어떤 중독 때문에 수술도 받지 못한 채 그만 죽고 말았네. 주일 아침에 그의 시신과 함께 일리노이주 피오리아에 있는 그의 집에 갔었네. 앞으로 넉 달만 있으면 성품을 받을 수 있었는데 너무나 애석했지. 입관된 그를 보고 우리는 할 말을 잃었네. 그의 죽음을 보니 결국 인간이란 자기가 꿈에도 생각하지 못한 때에 죽고 마는 것임을 느끼게 되었지. 우리 인간은 언제나 죽음을 맞을 준비를 하고 있어야 하는 존재라는 것도 말이야.

에밀, 일본 때문에 우리까지 전쟁에 휩쓸리게 되기 전에 어서 전쟁이 끝났으면 좋겠네. 이제 봄이 오고 여름은 아직 멀었네만 내일쯤이면 모르모트란 놈이 이곳 세인트루이스의 어두운 구름 너머로 해가 얼굴을 비치는 광경을 보려고 빼꼼히 얼굴을 내밀고 있겠지. 소식 있거든 잊지 말고 전해 주게.

그대의 사랑하는 벗, 에밀 카폰으로부터.

1938년 2월 17일.
켄리크 신학교에서 그리운 에밀에게.

축하하네. 너무나 반가운 소식에 정말 기쁘기 한이 없네. 자네 말대로 자네는 이제 인생의 첫발을 내디딘 것일세. 언제나 행복하기를 빌겠네. 하느님께서 자네에게 짝을 지어 살기를, 또한 자네가 의무를 다해 마침내는 자네 영혼을 구하기를 원하신 것일세. 하기는 자네도 신부님께서 가르쳐 주신 '좋은 보헤미아의 교훈'을 통해서 잘 알고 있겠지만, 세상만사는 다 하느님께서 안배하신 대로이지 않은가.

에밀, 지난 일요일에 자네 편지를 받고 이제부터는 '에밀 멜처 부부에게'라고 편지를 써야 되겠다고 생각했네. 물론 예식에 내가 참석하기를 바라리라고 믿네. 나도 자네와 함께 고생하고 함께 공부하던 때를 생각하면서 예식에 꼭 가도록 하겠네. 오는 21일에는 자네의 결혼 생활이 복되도록 미사와 영성체를 하고, 묵주 기도와 십자가의 길, 그 밖에 여러 가지 기도를 올리겠네. 복되고 즐거운 혼인을 위해서는 마땅히 기도를 올려야 하니까 말이야. 아마 그날 밤에는 자네에게 이루어질 일을 생각하고 있겠지. 자, 그럼 더없는 행복 속에 자네의 결혼식이 이루어지기를 바라며 두 사람의 축복을 기원하겠네. 식을 마치고 자리를 잡는 대로 결혼사진 꼭 보내 주어야 하네. 그럼 에밀, 내 마음을 잘 알아주리라고 믿고 이만 줄이겠네.

자네의 행복을 빌며, 에밀로부터.

1938년 2월 21일.

켄리크 신학교에서 그리운 에밀 멜처 부부에게.

이제 새 사람이 된 두 분, 안녕들 하십니까? 지금쯤 진행되고 있을 두 분의 성대한 결혼식을 보고 싶습니다. 초대를 받고도 참석하지 못해서 너무 죄송합니다. 듣자 하니 캔자스는 눈으로 덮였다고 하더군요. 아름다운 설경 속에서 결혼식을 올리는 두 분의 모습이 눈에 선합니다.

이 편지가 두 분이 신혼여행을 떠나시기 전에 도착하기는 어려울 것 같습니다. 신혼여행은 어디로 가십니까? 플로리다? 아니면 캘리포니아? 와이오밍? 두 분이 여행을 다녀와서 제게 편지를 보내 주시려면 앞으로 한 달은 걸리겠군요.

변변치 않습니다만 결혼 축하 선물로 십자가를 보내 드립니다. 이 십자가에 축복을 청하러 신부님께 갔었는데, 이것을 두 분께 선물하려는 것임을 아신 신부님께서 "좋습니다. 그분들께 이 십자고상을 모든 사람들이 볼 수 있도록 안방에 모시라고 하십시오. 그리고 아침저녁으로 두 분이 함께 기도를 올리라고 하십시오. 계속해서 기도를 올리면 예수님께서 '두 사람이나 세 사람이라도 내 이름으로 모인 곳에는 나도 함께 있기 때문이다.'라고 말씀하신 대로 그분들 가정이나 사업에 반드시 하느님의 축복이 있을 것입니다. 나도 두 분이 행복하길 바라며 보람 있는 인생이 되기를 바랍니다."라고 말씀해 주셨습니다.

답장에 잊지 마시고 새 주소를 알려 주십시오.

늘 변함없는 에밀 카폰 올림.

1938년 10월 10일.

켄리크 신학교에서 그리운 에밀과 비키에게.

잘 지내고 계신지요? 저는 지금 낡은 타자기와 씨름하면서 진땀을 흘리고 있습니다. 그곳은 즐거우리라 믿습니다. 열띤 선

거전도 재밋거리가 되겠지요. 두 분께서 투표용지를 보내 주신다면 저는 두 분을 위해서 투표를 할까 합니다. 보리는 다 뿌렸지요? 필센의 소식을 들은 지 하도 오래되어서 그런지 소소한 것들까지 몹시 궁금합니다.

체코슬로바키아가 귀찮게 되었습니다. 히틀러가 기어코 제멋대로 자기 몫을 챙기고 말 것 같습니다. 그러니 이곳에서도 전쟁 기운이 곳곳에서 느껴집니다.

머지않아 옥수수 수확하시느라 바쁘시겠군요. 수백 자루의 옥수수를 거두다 보면 손발이 얼얼해지고 계속되는 삽질에 어깨도 많이 아플 겁니다. 크리스마스까지 옥수수 타작이 계속된다면 저도 가서 도와 드리겠습니다.

영원한 벗, 에밀 카폰 올림.

1939년 2월 19일.
켄리크 신학교에서 그리운 에밀과 비키에게.

결혼 1주년을 축하합니다. 결혼 생활에서 오는 기쁨과 시련과 슬픔을 이제 잘 아시게 되겠지요. 세상에서는 짧은 1년이지만 하늘나라에서는 영원할 두 분에게 무한한 기쁨과 행복이 가득하시기를 바랍니다.

요즘 어떻게 지내십니까? 저는 큰 걱정 없이 앞날을 바라보며 희망과 즐거움 속에 지내고 있습니다. 하지만 세상만사가 너무 빠르게 변하는 것 같습니다. 다만 우리나라 정부가 다른 나라의 피비린내 나는 싸움에 휩쓸려 들어가지 않기를 바랄 뿐입니다.

비오 교황 성하께서 서거하셨다는 보도를 아마 보셨으리라 생각합니다. 우리 교회, 아니 전 세계의 위대한 지도자요, 세계 평화의 위대한 주창자를 잃은 것입니다. 다음 교황은 어느 분이 되실 것이며 즉위명은 무엇으로 하실지 궁금합니다. 비오 10세 교황께서 1914년에 돌아가신 지 얼마 지나지 않아 포화가 터지고 사람들은 싸움터에서 짐승처럼 쓰러졌습니다. 그때만 해도 미국은 민주주의를 옹호하고 세계 평화를 수립하기 위한 전쟁이라고 알고 있었습니다. 결국 독일을 타도하기는 했으나, 우리 미국은 어리석게도 전란에 휩쓸려 들어갔고 영국 식민지가 더 늘어나는 꼴이 되고 말았습니다.

두 분을 위해서 기도드리겠습니다. 두 분께서도 저를 위해서 기도해 주시기를 간절히 바랍니다.

에밀 올림.

1940년 4월 14일.

켄리크 신학교에서 그리운 에밀과 비키에게.

정말 이제야 살 것 같습니다. 그동안 연구와 소위 '큰 날' 준비 때문에 편지를 쓸 수 없었습니다. 오는 6월 9일에는 위치토에 와서 저와 다른 젊은 친구 넷이서 성품받는 것을 보시겠는지요. 성 요한 성당에서 서품식이 있을 예정입니다. (고등학생 시절에 학교에서 자네와 함께 여행 갔던 곳이지. 성당이 크기는 하지만 자리가 비좁을지도 모르네. 그래도 자네만은 비키와 함께 꼭 들어와야 하네. 오늘부터 두 사람이 오기를 손꼽아 기다리겠네.) 아마 두 분께서 서품식만으로 신부가 된다는 것을 완전히 느끼기에는 조금 어려움이 있을지도 모르겠습니다. 저는 오랜 세월을 두고 공부한 끝에 신부가 되려면 거룩한 생활을 해야 한다는 것을 비로소 확신하게 되었습니다. 사실 저 자신이 너무나도 거룩하지 못한 것 같아 두렵기도 합니다. 생각해 보세요. 신부가 무엇인가를……. 신부란 매일 미사 때 구세주의 살아 계신 살과 피를 바치고, 고해성사로 영혼을 죄에서 구해 주고 아울러 영혼이 지옥에 떨어지지 않게 잡아 주는 사람입니다. 그 밖에도 수많은 신부의 책임과 직분은 너무나 숭고하고 엄숙합니다. 하늘나라의 천사들도 맡아 본 적이 없는 일이지요. 조금도 죄에 물드심이 없이 은총을 가득히 받으신 성모님조차도 이렇게 성스러운 직분이 주어진 하느님의 사제 노릇은 하실 수 없었습니다. 그런데 제가 이제 그러한 직분을 맡다니요! 두 분께서 저의 사제 서품식에 부디 참석해 주시기를 바랍니다.

예수의 종, 에밀 올림.

1939년 8월, 약 3주간 에밀 카폰과 존 베세키는 차부제로서 토마스 그린 신부를 보좌하여 캔자스 주 콜드웰에서 가두 설교를 한 일이 있다. 군중 대다수가 보헤미아인이었는데, 특히 떠돌이 생활을 하고 있던 그들은 에밀 카폰의 보헤미아식 교훈에 몹시 감동했다. 그린 신부는 그때를 이렇게 얘기했다.

카폰 부제, 1940년 켄리크 신학교에서

"모두가 에밀을 좋아했습니다. 그들은 에밀을 둘러싸고 한마디도 놓치지 않으려고 했습니다."

에밀의 부모 역시 1939년 크리스마스 때 아들이 처음으로 고향에서 한 강론을 떠올리며 자랑스러워했다. 크리스마스 휴가 때 고향에 돌아온 카폰 부제는 자정 미사에서 강론을 할 수 있는 허락을 얻었다. 이 본당에서 자라난, 말하자면 이 본당의 아들인 카폰 부제가 유창한 보헤미아어로 조리 있게 강론을 마쳤을 때, 성당에는 그곳에 모인 사람들의 기쁨과 이웃들의 자랑스러운 얼굴, 그리고 스크레나 신부의 가슴 벅찬 모습이 동시에 가득 차올랐다. 그의 어머니는 빛나는 눈으로 그날 밤을 회상했다. 강론하는 아들의 모습과 강론 내용들을 되풀이하면서 미소를 짓던 어머니는 당시에 친척들이 몰려와서 "저 사람이 정말 당신 아들이오?" 하고 물었다는 말 또한 생생하게 기억하고 있었다. 젊은 카폰이 강론을 마치자 웬만해서는 감정을 내보이지 않는 스크레나 신부까지도 제대 앞으로 달려나가 마치 친부모처럼 기쁜 얼굴로 카폰 부제의 등을 쓰다듬어 주었다.

위치토 성 요한 성당에서 1940년 6월 9일 윈켈만 주교에게서 성품성사를 받은 날로부터 6월 20일 첫 미사를 봉헌할 때까지 스크레나 신부는 에밀 혼자서는 미사를 올리지 못하게 하였다. 에밀에게는 정말 참기 어려운 시련이었다.

사제 서품식에서 두 손을 묶었던 리본은 카폰 신부가 손수 칠한 것이었다. 그는 이것을 여러 개로 잘라서 친구들에게 선물로 주려고 했지만 리본이 너무나 아름다웠던 나머지 결국 자르지 못했다. 성품 리본은 보통 개인의 기념품으로 보관해야 할 보물인데 카폰 신부는 애초부터 친구들과 나누어 가지려고 했던 것이다.

제3장
영원한 사제

1940년 6월 20일, 고향에서 첫 미사를 대례로 지내는 중에 카폰 신부는 많은 친우들을 기억하였다. 이 미사가 시작되기 전 본당 사제관부터 성당까지 장엄한 행렬이 있었다. 이 행렬의 선두에는 십자가를 든 카폰 신부의 동생 유진이 자리하고 있었고 그 옆으로 촛불을 든 두 소녀가 걸어 나갔다. 열네 명의 신부와 꽃다발을 든 서른두 명의 소녀들과 여러 모임들이 그 뒤를 따랐고 복사들과 차부제,

1940년 6월 20일, 카폰 신부가 성 요한 네포묵 성당에서 집전한 첫 미사

부제, 시종 사제와 주례 신부가 뒤를 이었다. 행렬이 성당으로 들어가고 나올 때 장엄한 행진곡이 연주되었다. 미사가 끝난 다음 주례 신부와 에밀의 동창 신부들(프리스너 신부와 베세키 신부)은 참석한 모든 이들에게 강복을 주었다. 점심과 저녁에는 1,200명이 넘는 손님들에게 잔치를 베풀었고 밤에는 새로운 신부를 축하하는 다양한 행사들을 가졌다.

첫 미사 후 카폰 신부의 부모님(왼쪽)과 동생 유진(오른쪽), 스크레나 신부(오른쪽 끝)와 찍은 사진

열흘 후 카폰 신부는 그의 고향 본당의 보좌 신부로 임명을 받았다. 나이 든 본당 신부에게 보헤미아어를 할 수 있는 보좌 신부가 필요했던 것이다. 친절하고 부지런한 카폰 신부는 몸을 아끼지 않고 본당을 위하여 일을 했다. 그는

첫 미사 후 동급생과 그 어머니에게 준 안수

신앙에서부터 사회적인 면까지 모든 분야에서 큰 활약을 하였다. 틈틈이 아이들과 함께 어울려 운동을 하는 등 청소년을 위하여 많은 힘을 쏟았다. 손수 묘지와 건물 주변의 풀을 깎고 나무를 가꾸는, 힘든 일도 도맡아 하였다.

어느 날 오후, 카폰 신부는 성당과 사제관 사이의 길을 수리하고 있었다. 손수레의 바퀴 둘레가 쇠로 되어 있어 움직일 때마다 몹시 시끄러웠던 데다가 돌을 때리는 소리도 너무 요란하여 본당 신부님이 낮잠을 설쳤다는 것을 알게 되었다. 신부님은 그런 것에 별로 개의치 않으셨지만 카폰 신부는 이웃에게 헌 자전거 타이어를 얻어다 손수레 바퀴 둘레를 감싸 본당 신부를 괴롭히지 않고 그 작업을 계속하였다.

보좌 신부로 지낸 지 1년 만에 카폰 신부는 《캔자스주 필센 성 요한 네포묵 본당의 연중행사》라는 작은 책자를 꾸며 냈다. 이 책에서 그는 교회의 연중행사와 관련된 설명에 짤막하게 자기 의견을 덧붙여 솔직하고 생생한 느낌을 전해 주고 있다.

"5월 16일, 교구 주보 성인 성 요한 네포묵의 축일이다. 두 악단과 함께 가톨릭 노동자 및 성 조지 회원들을 거느리고 신부들은 사제관에서 성당으로 줄지어 들어갔다."

"1941년 12월 7일. 원죄 없이 잉태되신 동정 마리아 대축일 전날이다. 일본의 대對미국 선전 포고가 있었다. 나는 라디오에서 신앙 체험 프로그램을 듣고 있었는데 전쟁 보도로 갑자기 중단되어 몹시 놀랐다."

"12월 8일. 원죄 없이 잉태되신 동정 마리아 대축일이다. 사람들은 전쟁 때문에 이리저리 허둥댔다. 12시에 국회가 일본에 선전 포고를 했다. 이런 식으로 이 나라의 주보이신 성모님을 기념하다니……."

"9월 12일. 빈두스카 할머니께서 돌아가셨다. 본당 신부님께서 조그만 종을 울렸다. 처음에 한바탕 울리고는 멈추었다가 다시 일곱 번을 조용히 울리고 또 멈추었다가 다시 세게 울렸다. 이렇게 약 네댓 번 반복되었다."

"11월 2일. 위령의 날이다. 9시에 본당 신부님은 대미사를 올리고 나는 옆 제단에서 미사를 세 번 올렸다. 영구대를 축복한 다음 묘지 참배를 갔다. 십자가 앞에서 본당 신부님의 인도에 따라 보헤미아어로 불쌍한 영혼들을 위한 기도를 올렸다."

1941년 6월 21일, 스크레나 신부가 성품에 오른 지 50년이 되는 금경축이자 필센에 본당 신부로 부임한 지 38년이 되는 기념일이었다. 카폰 신부는 축하식의 모든 준비를 지휘하면서 몇 주 동안 필센의 역사 및 필센 교구의 발전상을 소개하는 내용의 《50주년사》라는 책을 썼다. 뿐만 아니라 요리사 윌리엄 루돌프 부인에게 여러 가지 축하 케이크를 만들도록 부탁하여 방문객들을 놀라게 했다. 《매리언을 드높이다》라는 책을 써서 스크레나 신부의 과거 경력을 소개하기도 했다. 그로부터 여러 달 후인 1941년 11월 28일, 스크레나 신부는 몬시뇰 칭호를 받게 되었다.

카폰 신부가 군대에서 복무한 것은 1943년 1월부터 1944년 6월 12일까지다. 그동안 그는 캔자스주 헤링턴 공군 비행 기지의 보조 군목으로 있었다. 1943년 4월 26일, 그는 윈켈만 주교에게 편지를 보내 처음으로 군대에 복무하는 기쁨과 보람을 표했다.

이미 군종감실에 보낸 바 있는 보고를 주교님께 다시 한번 올립니다. 매 주일 기지에서 병사들과 함께 미사를 올리게 된 것을 저는 기쁘게 생각합니다. 제가 병원으로 문병을 가면 병사들은 가톨릭 신부라고 저를 퍽 좋아합니다. 그들에게 가톨릭 잡지들을 가지고 가서 읽어 주었습니다. 앞으로는 특히 《앞날의 기록》을 가지고 가서 읽어

1943년, 헤링턴 공군 기지에서 강론

줄까 합니다. 주교님, 긴 말씀은 드리지 않겠습니다. 저는 이 일이 무척 좋습니다.

카폰 신부는 1943년 4월 11일 묘지에서 첫 미사를 올렸다. 그는 그 후 월요일과 목요일에 군인 묘지에 가서 미사를 올렸고 그때마다 막사와 병원까지 두루 돌아다녔다. 또한 자기 본당 신자로서 군 복무를 하고 있는 청년들과 성의껏 편지를 주고받았다. 카폰 신부의 편지는 긴 편이었지만 기분을 새롭게 북돋아 주었고 유머와 애정이 넘치는 포근한 것이었다.

1942년 10월 19일, 카폰 신부는 공군에 있는 제럴드 프란타에게 편지를 보냈다.

어떻게 지내나? 자네 어머님의 말씀을 듣고 또 자네 사진을

보니 분명 잘 있으리라는 생각이 들어 기쁘네. 대단히 바쁘겠지. 나도 자네들에게 보낼 편지를 타자로 치느라고 타자 실력이 좀 늘었네. 오늘 밤만 해도 이 편지가 벌써 다섯 번째라네. 만일 편지를 일일이 손으로 썼다면 정말 팔이 떨어져 나갔을 걸세. 만사가 여의치 않아 기분이 상하거든 자네를 위해 기도드리고 있을 친구들을 생각하게나. 매 주일 자네와 자네 가족을 위해 미사를 드리고 있네. 하느님의 은혜로 몸 성히 잘 지내다가 무사히 돌아오기 바라네. 그럼 또 쓰기로 하고 이만 줄이겠네.

에밀 카폰 신부로부터.

1943년 3월 30일.

우리도 결국 헤어지고 말았네. 필센에서는 내 동생 유진과 레너드 렌츠가 입대했네. 유진은 캘리포니아주 어느 사막에 있는 전차대에 입대했는데 매우 흉악한 곳이라는 편지를 보내왔네. 더 많은 사람들이 입대해야 한다면 우리 필센 마을 사람들은 물론 나도 나가야 할 것이네. 듣자 하니 최근에 4천 명의 군목을 소집했다고 하는데 나 같은 젊은 신부도 군에서 사목할 기회가 반드시 있을 걸세.

카폰 신부는 영혼을 선도하기 위해 모든 정성과 힘을 기울였다. 어느 개종자는 "제가 천주교회에 들어온 것은 오직 친절하고 겸손하며 하느님의 섭리를 잘 설명해 주신 카폰 신부님 덕분입니다."라고 말하기도 했다.

카폰 신부는 보좌 신부로서의 여러 가지 힘든 직무들을 마치고 나서도 아이들을 가르치고 함께 놀아 주었으며, 병자와 노인들을 방문하였다. 그리고 틈틈이 시간을 쪼개 정원을 가꾸기도 했다.

그는 길 잃은 양들을 제 우리에 돌아가게 하기 위해 기도와 선행을 게을리하지 않았다. 다른 사람들이 그에게, "당신은 누구보다 스스로를 헌신하였다. 자신을 돌보지 않고 일을 했다."라고 칭찬하면 그는 계면쩍어하며 "제가 특별히 한 게 있습니까. 누구나 다 하는 일인데요, 뭐." 하고 대답했다. 카폰 신부는 특히 스크레나 신부의 뜻을 실현하기 위해 노력했다.

3년 동안 겸손하고 순명하면서 보좌 신부로 생활하던 중 1943년 9월 16일에 스크레나 신부가 사임함으로써 카폰 신부는 성 요한 성당의 주임 신부로 임명되었다. 11월 2일, 스크레나 신부는 캔자스주 매리언으로 은퇴했다.

제4장

착한 목자

카폰 신부는 언제나 자기에게 맡겨진 이상으로 자신의 일을 책임감 있게 완수했고, 본당 신자들의 마음을 잘 살피고 이해해 주었다. 젊은 본당 신부로서 그가 특별히 바랐던 것은 모든 사람들이 성경에 관심을 가지는 것이었다. 이러한 목표를 이루기 위해 그는 성당 내에 연구반을 조직했다. 1943년 성탄절에는 필센 학교의 모든 소년 소녀들에게 신약 성경을 한 권씩 나눠 주기도 했다. 한 본당 교우는 "카폰 신부님은 항상 모든 사람들에게 교회에 관한 흥미를 돋우어 주셨습니다. 특별히 아이들에게 관심을 더 쏟으셨고 청소년 모임을 조직하시기도 했습니다. 신부님은 바쁘신 틈에도 아이들 야구에까지 한

몫 차지하셨습니다. 또한 신부님은 종파를 떠나 모든 사람들을 즐거이 도우셨습니다. 이러한 친절함으로 신부님은 영웅이 되셨습니다."라며 끊임없이 칭찬했다. 또한 카폰 신부

필센의 아이들과 함께 야구나 축구를 하며 놀아 주었던 카폰 신부

는 언제나 핵심을 놓치지 않는, 열의에 가득 찬 강론을 했다. 그는 '예를 들어서'라는 말을 곁들여 요점을 집어내, 누구나 잘 알아들을 수 있도록 쉽게 설명했다.

카폰 신부의 모든 일은 겉으로 보기에 아주 평탄하게 이루어지는 것 같았지만 사실 이 목자의 가슴은 무거웠다. 1944년 6월 8일에 그가 쓴 편지를 보면 심중을 알 수 있다.

존경하올 주교님, 제 가슴속을 맑게 하고자 이렇게 펜을 들었습니다. 제가 저의 고향 본당의 보좌 신부로 임명을 받았을 때 이미 저는 제가 맡은 일이 쉽지 않다는 것을 잘 알고 있었습니다. 주교님께서 장차 저를 그 본당의 주임 신부로 임명하시리라는 것도 알고 있었습니다. 사실 저는 그때부터 모든 사람들

의 영혼을 구하고자 많은 고민과 생각을 거듭했습니다. 그러나 제 가슴은 무거웠습니다.

보좌로 있으면서 저는 오로지 예수님을 위해 일을 하리라 결심했습니다. 그래서 제가 어느 개인에게 각별히 잘해 주는 일은 없었습니다. 제 핏줄이나 친구에게도 이렇다 할 애정을 보이지 않았기 때문에 저를 비난하는 사람들도 있었던 모양입니다만, 저는 어디까지나 모든 사람에게 좋은 사제가 되기 위해 항상 노력했습니다. 이곳 사람들은 제가 떠나는 것을 원하지 않는다고 했습니다. 그러나 저는 그들에게 주교님께서 하시는 일이 가장 옳은 일이며 주교님께서 결정한 일을 통해 하느님의 뜻이 이루어진다고 이야기했습니다. 그러자 그들도 잘 이해해 주었습니다. 앞으로 이곳에 거룩하고 훌륭한 신부님이 오시면 마을 사람들은 저를 따르던 때와 똑같이 곧 새 신부님을 따를 것입니다. 제가 지금 걱정하고 두려워하는 것은 이 점이 아닙니다.

저는 이 본당에서 자랐습니다. 이곳에는 친척, 친구가 많고 그들은 나이로나 학벌로나 저보다 선배입니다. 이런 점에서 일부 사람들은 제가 그들의 영혼을 지도하는 것이 마땅치 않다고 보고 있습니다. 물론 제게 직접 얘기하지는 않지만 그들의 태도에서 제가 그들의 영성 생활에 장애가 되고 있다는 것을 알게 되었습니다. 따라서 그들이 저 아닌 타향의 보헤미아 신부를 모시게 된다면 그들이 느끼는 불편함은 곧 사라지게 될 것입니다. 필센에서는 반드시 보헤미아어로 고백을 들을 수 있는 신부가 필요합니다. 대부분의 신자들이 영어를 알고는 있지만 강론 역시 보헤미아어로 할 줄 알아야 합니다.

이곳 신자들은 모두 아주 선량하고 성실합니다. 따라서 보헤미아어를 하시는 다른 신부가 오면 스크레나 신부님을 모셨던 것처럼 열성을 다할 것입니다. 새 신부님이 오시는 것이 저의 존재가 자신들의 영성 생활에 장애가 된다고 생각하는 사람들에게도 일을 더욱 잘할 수 있는 계기가 될 것입니다. 부디 주교님께서 제가 말씀드리고자 하는 뜻을 잘 살피셔서 이루어 주시리라 믿습니다.

겉으로 드러내지는 않지만 타 지역 출신이면서 보헤미아어를 잘하는 신부님을 모셔야 되겠다고 생각하는 사람들을 위해 이러한 부탁을 드리는 것입니다. 저의 양심 또한 그렇게 하라고 하고 있습니다. 그런 사람들 중에는 제가 전에 자기들이 한 짓을 잊지 않고 아직도 나쁘게 생각한다고 여기는 사람들도 있습니다. 물론 저로서는 그들에게 그런 일은 벌써 잊었다고 수백 번이라도 말해 줄 수 있습니다. 그러나 그들은 아직도 지난 일을 떨쳐 버리지 못하고 저를 꺼리고 있습니다. 바로 이 점이 무시할 수 없을 정도의 장애가 되는 것입니다. 물론 이를 없애기 위해서 저는 될 수 있는 한 친절하고 겸손하려고 애쓰고 있습니다. 주교님, '모든 이에게 모든 것'(1코린 9,22)이 되겠다고 한 바오로 사도의 말씀도 있지만 그들에게 맞는 사람이 그들을 맡아 보기를 갈망하는 저의 뜻을 알아주시리라 믿습니다.

저는 성품을 받을 때 이미 하느님을 위해 제 자신을 버리겠다고, 어떠한 경우에 놓이더라도, 아무리 어려운 삶을 살아야 한다 하더라도 언제나 즐거운 마음으로 하느님을 위해 몸 바치겠다고 결심했습니다. 이상과 같은 이유로 저는 군대에서 일하기를 자원한 것입니다. 모든 사람을 위한 사제로서 일상의 기쁨과 편안한 생활, 안락한 자리를 포기하게 되더라도 양심이 명하는 일을 하고 싶습니다. 오래전부터 이런 말씀을 드리려고 했습니다. 지금이라도 늦지 않았다고 생각합니다. 이를 통해 저는 마음의 평화를 얻을 수 있을 것입니다.

하느님의 강복이 있으시기를 빌며.

주교님의 겸손한 종, 에밀 카폰 신부 올림.

일주일 후 윈켈만 주교는 카폰 신부를 군목으로 추천하고

1944년 7월 12일 필센의 본당 신부직과 헤링턴 보조 군목직에서 해임했다. 카폰 신부의 후임은 동창이자 둘도 없는 친구인 존 베세키 신부였다. 그는 당시를 회상하면서 이렇게 말했다.

1944년 7월 2일 카폰 신부

"내가 필센의 본당에 후임으로 임명되고 나서도 카폰 신부는 여러 주일을 우리와 함께 보내다가 군대로 들어갔습니다. 저는 카폰 신부에게 사제관 열쇠를 주고 그가 어느 때고 드나들 수 있게 했습니다. 그는 우리에게 둘도 없는 반가운 손님이었지요. 찾아올 때는 언제나 먹을 것을 가지고 왔습니다."

군목 학교에 들어가면서 그가 보낸 마지막 편지는 시카고에서 부친 1944년 8월 24일 자 엽서였다.

그리운 아버지와 어머니.

저희가 탄 기차가 한 시간 사십오 분이나 연착하였습니다. 스페나 씨를 만났습니다. 오늘 아침엔 보헤미아계의 아녜스 성당에서 미사를 올렸습니다. 이곳 시카고 시민들은 모두 보헤미아 사람들 같았습니다. 그럼 또 후에 소식 올리겠습니다.

에밀 올림.

제5장

하느님의 병사가 되고자

카폰 신부가 군종 신부로 있는 동안 과연 실제로 그렇게 많은 편지를 주고받을 틈이 있었는지는 알 수 없다. 그러나 카폰 신부가 매달 규칙적으로 편지와 보고서를 주교에게 보냈고, 또한 윈켈만 주교와 캐럴 주교 역시 빠짐없이 카폰 신부에게 답신을 보냈다는 점은 놀랄 만하다.

1944년 9월 2일, 매사추세츠주 포트 데벤스 군목 학교에서 카폰 신부는 다음의 편지를 보냈다.

존경하올 주교님, 주교님과 위치토 교구의 성의로 군종후원회를 통해서 기증해 주신 미사 가방에 대해서 진심으로 감사의 말씀을 올립니다.

제가 있는 145교실에는 약 40명 정도의 가톨릭 신부가 있습니다. 미사가 저에게 커다란 위안이 됩니다. 저희는 별도로 마련된 건물에서 함께 미사를 올립니다. 아침에는 다 같이 묵주 기도를 드립니다. 우리 신부들은 경본을 읽기 위해서 따로 시간을 내야 합니다. 저는 무척 즐겁게 교습을 받고 있습니다. 훈련과 행군으로 식욕이 대단하다는 것도 말씀드려야겠군요.

군종후원회에 대한 감사의 뜻으로 150달러를 보내겠습니다. 후원 없는 후원회가 좋은 사업을 이어 나갈 수 없기 때문입니다. 다시 한번 감사 말씀 올리고 졸업 후에 찾아가 뵙기로 약속드리며 이만 줄이겠습니다.

윈켈만 주교가 보낸 답장에는 이런 말이 적혀 있다.

자네가 군종후원회의 사업에 보탬이 되고자 손수 150달러를 기증한 것에 후원회는 분명 대단히 놀랐으리라고 믿네. 자네가 취한 행동은 자네의 고귀한 인격과 성품을 잘 나타낸 것이며 하느님은 자네가 어떤 직분을 맡든 자네와 자네가 하는 일이 성공하도록 언제나 축복하실 것일세.

카폰 신부는 다음과 같은 편지를 부모님께 보냈다.

1944년 9월 8일.

매사추세츠주 포트 데벤스에서.

그리운 아버님 어머님, 다음 주에는 시간이 없을 것 같아서 지금 잠시 틈을 내 아버님 생신 축하 편지를 올립니다. 두 분께서는 우리 가족이 서로 멀리 떨어져 있는 것을 섭섭하게 생각하실지도 모르겠습니다. 그러나 사실 한집에서 모여 사는 다른 사람들보다 우리가 더욱 가깝게 살고 있다는 것을 두 분도 알고 계실 것으로 믿습니다. 이 점 하느님께 감사드립니다. 하느님께서 축복하시어 두 분께서 언제나 행복하시기를 바랍니다.

군대 생활은 사람을 건강하게 만들어 줍니다. 신체검사 때는 표준 체중보다 겨우 1파운드 넘었었는데 이제는 5파운드를 넘기게 되었습니다. 다리도 30마일 행군을 견딜 만큼 튼튼해졌습니다. 하루에 적어도 15마일 이상을 행군하는 일과를 마치고 저녁이 되어도 저는 망아지처럼 생생한 기운을 느낍니다. 상상도 못 하시겠지만 1마일을 걷는 것이 두어 걸음 서성거리는 것과 다름없답니다. 그 덕분인지 독일 포로들이 만들어 주는 요리가 제법 맛있게 느껴집니다.

당분간은 바빠서 긴 편지 대신 엽서를 보내게 될 것 같습니다. 아버님 생신 축하로 오늘 받은 250달러를 보내 드립니다. 조금이나마 보답이 될는지요.

9월 10일에 제럴드 프란타에게 보낸 편지 중 일부다.

군목 학교에서 나는 마치 담요에 붙어 있는 빈대 같다네. 그날그날의 엄격한 일과로 마치 기병대 같은 훈련을 받고 있지. 머지않아 우리는 빗발치는 기관총탄을 피해 적진으로 나가야 할 것이네. 동료 중에 살찐 친구들이 있는데 그들이 어떻게 총탄을 피해 나갈지 걱정이야. 그들 각자도 걱정이 대단하다네.

1944년 10월 4일, 군목 학교를 졸업하고 조지아주 휠러 부대에 임명된 카폰 신부는 주교에게 다음과 같이 썼다.

군목의 형편이 이만저만이 아닙니다. 장교 가족과 여군 및 문관文官을 계산에 넣지 않고도 저희 관하에 있는 군인만 19,000명인데 가톨릭 신부는 단 두 명뿐입니다. 지난 주일에는 8시 30분과 9시 30분 두 차례에 걸쳐 부대 안 극장에서 미사를 드렸는데 장소가 너무 좁았습니다. 11시 30분에는 봉성체를 위해 막사에 가서 고해성사를 주고 전날 밤 12시 30분부터 공심재를 지킨 군인들에게 성체를 영해 주었습니다. 저희는 다 함께 묵주 기도를 바쳤고 제가 복음을 읽은 다음 그들에게 강론을 해

군복을 입은 카폰 신부(포트 데벤스에서)

주었습니다. 이제야 저는 오랫동안 원해 온 대로 그들을 위한 미사를 세 대씩 올리게 되었습니다.

군대 생활은 아직도 배울 일이 많습니다. 그러나 모든 것을 기꺼이 받아들이는 그들을 위해서 비록 작은 일일지라도 더욱 열심히 배우고 있으며 이에 새삼스레 희열을 느끼기도 합니다.

휠러 부대의 장교와 사병들을 위해서 군목이 발간하는 회보 《말씀》의 1945년 1월 25일 호에 '군목과 사견'이라는 제목으로 카폰 신부의 설교가 게재되었다.

군목과 사견

미군에 복무하는 군목은 자기가 맡은 직무를 위해서 여러 일을 하고 있습니다. 이들은 모든 시간, 역량, 근기根氣를 바쳐 우리나라 군인들이 전지전능하신 하느님께 대한 그들의 직무를 완수하도록 고무합니다. 이러한 점에서 군목은 거룩하고 긴요한 사명을 띠고 있다고 하겠습니다.

그러나 군목은 임무를 완수하는 과정에서 자기의 직무를 방해하는 여러 장애와 반대에 부딪치고 있습니다. 그것은 다름이 아니라 바로 개인적인 견해입니다. 이러한 사견들은 이루 헤아릴 수 없을 만큼 큰 해독을 끼치고 있습니다.

일례로 한 병사가 거룩한 하느님에 대한 열렬한 설교를 듣고 난 다음 병사兵舍로 돌아가 '그거 좋은 설교이기는 했지만, 나는 그 말에 동의를 하지 않는다. 나는 나대로의 생각이 있으니까 내 멋대로 생각할 따름이다.'라고 얘기합니다. 이러한 병사에게는 군목과 거룩한 사업이 아무 소용 없습니다. 또한 군목이 '간음하지 말라.'라는 제6계명에 대해서 열심히 가르치고 특히 불순과 타락의 죄는 하느님께 대죄라는 것을 아무리 강조해도 어떤 병사는 '나는 그렇게 생각하지 않는다. 나의 생각은 이렇다. 사람이란 한 번밖에 살지 못하니 사는 동안 실컷 즐겨야지.' 하고 제 생각을 따른다면 이것 역시 군목이나 군목의 사업을 아무 보람 없게 만드는 것입니다.

만일 그런 식으로 개개인의 생각이 우리의 인생을 끌고 나갈 수 있는 것이라면 모든 법률은 물론 하느님의 법률까지도 내버리고서 제각기 자신의 생각대로 살아 나갈 수도 있을 것입니다. 그러나 그렇게 할 수 없는 중대한 요인이 있습니다. 바로 언제나 우리 인간들을 조종하시는 하느님이 계시다는 사실입니다. 더욱이 하느님은 엄하고 공정하십니다. 하느님이야말로 군목이 전 사병과 장교들에게 알려 드리려고 하는 점입니다.

필센의 헨리 지락 부인의 부음 소식에 카폰 신부는 절절한 위문의 편지를 썼다.

경애하올 지락 씨 및 자제분들께.

부인의 서거로 일가 여러분이 슬퍼하신다는 소식을 듣고 저 역시 충심으로 애도의 정 금할 길 없습니다. 오늘 미사에서 돌아가신 부인을 위해 기도했습니다. 앞으로도 하느님께 부인처럼 신덕이 높으신 분들을 위해서 마련된 천국의 보금자리를 부인에게 내어 주시기를 기도하겠습니다.

모든 성인들이 통공하는 가운데 우리가 천국의 성인들과 접촉할 수 있고 또한 우리가 사랑하던 사람이 성인들의 통공 중에 있음을 기억하는 것은 매우 좋은 일입니다. 여러분에게 하느님의 축복이 있기를 빕니다.

제6장

미얀마와 인도

1945년 3월 29일.

경애하올 주교님, 3월 4일 항공편으로 플로리다주 마이애미 해안을 떠나 거의 한 달을 여행했습니다. 3월 8일 오후 1시 저희는 베들레헴 상공을 날았습니다. 예수 성탄 때 천사들이 노래하던 그 구름 높이로 올라갈 때의 감격을 상상해 보십시오. 저희는 예리코의 일부와 사해로 흘러 들어가는 요르단강도 보았습니다. 지금 저는 미얀마에 와 있습니다. 무척 덥습니다. 정글도 역시 마찬가지입니다. 처음 오는 곳이다 보니 저에게는 모두가 흥밋거리입니다. 토착민들도 무척 친절하고 또 그리스도교인들도 많습니다.

1945년 4월 30일.

가톨릭 신부로 이곳에 와서 미국 사람들을 위해 일할 수 있고 더욱이 우리의 노력으로 많은 사람들이 미사 참례를 하고 성사를 받는 것을 볼 때, 그 고마운 마음을 무엇이라 말할 수가 없습니다. 그러나 가톨릭 전교 사제들의 생활을 실제로 목격하고 그들의 영웅적인 활동상을 알았을 때는 스스로 부끄러움을 금할 수 없었습니다.

지난번 편지를 보낼 즈음에 저는 이탈리아에서 오신 수녀님 두 분을 만나 뵈었습니다. 일본군이 왔을 때 수녀님들은 학교와 성당을 버리고 주민들과 함께 산속으로 도망가 제대보, 제의, 성작 등을 모두 동굴 속에 숨겼습니다. 수녀님 말씀에 따르면 동굴 입구가 워낙 좁아서 어른이 들어갈 수가 없었답니다. 그래서 아이를 먼저 보낸 뒤 물건을 밧줄에 매달아 하나씩 동굴 안으로 내려 보냈다고 합니다. 이렇게 해서 물건은 모두 무사할 수 있었습니다. 15개월 동안이나 산속 동굴에서 숨어 지내느라 미사도 드릴 수 없고 성사도 볼 수 없었던 데다 전교하러 오신 신부님이 일본군에게 잡혀 가시어 수녀님들과 원주민들은 그동안 하느님께 수많은 기도를 드렸다고 합니다. 주님 성탄 대축일에는 다 함께 밤중에 나서서 성탄 전야 미사를 드리고 자비송, 영광송, 사도 신경을 바쳤다고 합니다. 그러다가 올해 미군이 그들을 구해 마을로 데리고 나왔으며 미국인 군목 그라빈 신부님이 수녀님과

들판에서 하는 고해성사(제2차 세계 대전 중)

원주민들을 위해서 미사를 드렸다고 전해 주셨습니다. 그들이 다시 미사에 참례하여 성체를 모셨을 때의 기쁨은 얼마나 컸겠습니까? 그때부터 저 역시 그분들과 열심히 일했습니다. 다른 군인들도 그들 가톨릭 신자들을 잘 보살펴 주었습니다.

카폰 신부는 항상 제때에 양심적으로 월례 보고를 하였다. 그는 1945년 5월 인도에서 윈켈만 주교에게 보고서를 보냈다.

5월 한 달은 전방 부대에서 미사를 올리기 위하여 비행기와 지프차를 번갈아 타고 약 2,000마일 이상을 건너다니는 여정의 연속이었습니다. 따라서 주둔지에서 미사를 드릴 수 없었는데 다행히 골롬반회 신부님들이 제 대신 미사를 드려 주셨습니다. 가톨릭 신자인 피난민들과 수녀님들을 위해서 주일과 평일 미

사를 일곱 대 드렸고, 고해성사를 스물여섯 번, 영성체 쉰한 번 그리고 어린이 세 명에게 세례성사를 주고 교적에 올렸습니다.

1945년 7월 1일.

존경하올 주교님, 월례 보고와 아울러 5월 4일에 보내 주신 주교님의 반갑고도 유익한 편지에 감사드립니다. 우리나라의 우편망은 대단합니다. 하지만 정글까지 고국의 신문을 받아 볼 수는 없었습니다. 그리운 고국을 떠난 뒤로는 《앞날의 기록》을 보지 못했습니다. 제가 얼마나 그것을 보고 싶어 하는지 새삼스럽게 말씀드리지 않아도 잘 아실 줄 믿습니다. 특히 교구 소식을 많이 기다리고 있습니다.

군인들 틈에 끼어서 일한다는 것은 대단히 힘들고 위험합니다. 그러나 언제나 애쓴 보람이 있습니다. 저는 보통 멀리 떨어진 정글이나 여기저기 흩어져 있는 전선으로 나갑니다. 따라서 5월 한 달 동안 매주 약 500마일을 비행기로 돌아다니며 각 분대를 찾았습니다. 그러다 보니 간발의 차이로 저와 운전병이 요행히 큰 사고를 면한 적도 있었습니다. 이것은 분명히 수호천사가 저를 지켜 준 것이라고 믿습니다.

지난 편지에 이곳 전교 수녀님들과 신부님에 대한 말씀을 드렸지요. 이번에 군인 교우들의 힘으로 수녀님들께 성당과 학교를 지어 드렸습니다. 오랜 기간을 산속에서 숨어 살았던 탓인지 수녀님들께서는 군인들의

카폰 신부와 골룸반 선교사들

정성에 굉장히 고마워하셨습니다. 또 이번에 일본군에게 감금되었던 신부님들을 다시 모시게 되었습니다. 그분들 말씀으로는 그곳에서 어지간히 좋은 대우를 받았다고는 합니다만 제 눈에는 아직도 지난날의 상처가 선연했습니다. 그중 한 분은 미사 드리다가 피살되었다는 이야기도 들리니까요. 병사들이 기금을 모아 수녀님들에게 1,000달러, 전교회 신부님들에게 1,700달러를 전해 드린 것에도 많이 고마워하셨습니다. 부대 성당에 와서 미사에 참례한 수녀님들은 많은 가톨릭 장병들이 와서 영성체 하는 것을 보고는 감격하여 눈물을 흘리시기도 했습니다.

원주민들도 가톨릭이 전 세계 어느 나라에서나 가장 생명력 있는 신앙이라는 것을 알고 있습니다. 어느 날 부락에서 제가 미사를 드리고 나니까 마을 아이들이 수녀님께 달려들며 '아, 미국 신부님도 우리 신부님과 똑같은 식으로 미사를 드리시네

요.'라고 하였습니다. 이처럼 모든 이가 가톨릭은 전 세계적으로 하나인 교회라는 것을 알고 있습니다.

위치토 교구 사람들도 이곳 전교 신부님과 수녀님들의 사업을 잘 인식해 주시기를 바랍니다. 그렇게만 된다면 우리 장병들은 그분들에게 한층 더 고마움을 느낄 것입니다. 개인적으로는 외방 전교회의 크나큰 업적에 더욱더 감사해야 한다고 생각합니다. 겨우 입에 풀칠을 하고 사는 원주민들이 무릎을 꿇고 기도하는 모습이라든가 부모를 따라 얌전히 미사에 참례하는 아이들의 모습을 볼 때, 제 고향에도 역시 저렇게 거룩한 부모와 아이들이 있다는 것을 생각하게 됩니다. 분명히 하느님 앞에서는 외방이건 고향이건 사람은 누구나 다 똑같이 귀중합니다.

1945년 11월 1일에는 다음과 같이 보고했다.

이곳에서는 11월 1일 모든 성인 대축일이 의무 대축일로 되어 있지 않습니다. 지금 많은 군인들이 갑자기 이송되고 있어서 우리 부대에는 몇 사람밖에 남지 않게 되었습니다. 장거리를 두고 병력이 배치되므로 한 번에 만날 수 있는 사람은 겨우 몇 명뿐입니다. 그러나 소수도 다수와 마찬가지로 귀중합니다. 멀다고, 또 몇 명 되지 않는다고 해서 그들을 찾아가지 않는다면 신부로서의 본분을 게을리하고 있는 것이라고 생각합니다.

카폰 신부와 다른 군목들. 오른쪽 아래 파이프를 손에 든 사람이 카폰 신부

1946년 1월 3일 대위로 진급한 카폰 신부는 주교에게 다음과 같이 편지를 썼다.

저는 제게 주어진 짐을 감당할 수 있을까 생각을 거듭하며 정규 군종 신부가 되는 것을 망설였습니다. 생활 자체가 성직자와는 맞지 않는 분위기라서 정상적인 사제 생활을 해 나가는 데 지장이 많을 것이라는 생각이 들었기 때문입니다. 그러나 분명 이런 짐을 져야 할 사람은 있어야 합니다. 주교님께서 제가 그 짐을 져야 한다고 생각하신다면 저는 하느님의 뜻으로 받아들이고 최선을 다할 것입니다. 어려운 길이라고 주저하는 것도 성직자답지 못한 짓이겠지요. 모름지기 신부는 주님을 위해서 언제든지 십자가를 져야 할 것입니다.

1946년 2월 1일.

존경하올 주교님, 인도 군목이 월례 보고와 함께 전하는 말을 들어 보니 이곳 아군은 곧 다른 곳으로 이동하며 그 대신 약간의 장병들이 이동해 올 것이라고 합니다. 아마 미사에 참례하는 사람들도 점점 줄게 될 것입니다. 그러나 전선에 계신 신부님의 말씀에 따라 저는 군대가 철수할 6월까지 이곳에 남아 있어야 할 것 같습니다.

라디오에서 그곳의 겨울 추위가 심하다는 소식을 들었습니다. 이곳 인도는 사철 꽃이 피고 숲이 우거질 정도로 날이 뜨겁다 보니 추운 겨울을 상상할 수가 없습니다. 이런 곳에서 비행기로 불과 사흘이면 본국에 돌아갈 수 있으니 참 놀라운 일입니다. 하지만 정작 이렇게 가까이에 고향을 두고 있다는 생각이 들지 않습니다.

군대 생활을 하다 보니 여러 가지 잡무로 인해 신부로서 해야 할 신학 공부를 소홀히 하게 됩니다. 그러나 그런 잡무들 역시 저희가 맡은 일이며 인내심을 기르는 좋은 기회가 된다고 생각합니다. 저희는 언제나 찾아오는 사람들의 일을 함께하고 있습니다. 미사와 성사, 묵주 기도를 드리고 나면 짧은 묵상이나 영적 독서로 하루를 보내게 되고 그 이상의 교양을 쌓기 위한 공부는 못 하게 됩니다.

지난번 싱가포르에서 구속회의 엘 캐럴 수사 신부님을 모시게 되었습니다. 캐럴 신부님의 피정 지도로 많은 군인들이 풍성

1946년 뉴델리에서 자전거를 탄 카폰 신부

한 은총을 받았습니다. 저 역시도 신부님 덕분에 많은 은총을 받았습니다.

1945년 11월에는 델리 대성당에서 피정을 지도했습니다. 저는 지금 모래를 머금고 휘몰아치는 바람이 부는 사막을 지나 마침내 평온하고 조용한 마을에 들어가는 듯한 심정입니다.

1946년 3월 1일.

존경하올 주교님, 조만간 인도에 주재하는 군인들을 위한 중간 역할의 임무가 끝날 것 같습니다. 현재 지도하는 병사들의 수는 얼마 되지 않지만 저는 즐겁게 일하고 있습니다. 라틴어를 배우는 사람들도 여덟 명에서 세 명, 이제 두 명으로 줄어들었지만 남은 이들이 신심이 좋아 모두 신학교에 진학하겠다고 합니다. 군종 신부로 있으면서 신학교 교수 역할까지 하리라고는

생각지도 못했습니다.

　이곳 전교 신부들이 전교 사업에 온 힘을 다하는 것을 볼 때마다 저희는 더할 수 없는 정신적 용기와 힘을 얻습니다. 원주민들에게는 전교 신부가 절대적인 존재입니다. 그들은 검소하고 겸손하게 지내고 있어 모든 사람들에게 대단한 존경을 받고 있습니다.

　지구상 어디에서든지 하느님의 사제가 되었다는 것은 굉장히 훌륭한 일이라고 생각합니다. 이분들과 함께 일하면 하느님과 더욱 가까이 지내고 있다는 느낌을 가지게 됩니다. 그분들은 군종 신부의 사소한 도움에도 누구보다 많이 감사하고 있습니다. 그분들께 하느님의 축복이 풍성히 내리기를 빕니다.

1946년 5월 6일, 카폰 신부는 인도 캘커타를 출항하여 5월 30일 샌프란시스코로 돌아왔다. 6월 4일에 실무를 그만두고 그달 말 미주리주의 콘셉션 신학교에서 피정을 했다. 윈켈만 주교는 카폰 신부에게 8월 1일까지 휴가를 주었으나, 그는 7월 16일부터 8월 1일까지 스트롱 시티의 화이트 신부를 쉬게 하고 대신 그 일을 맡아 보았다.

제7장

다시 대학으로

캔자스주 스피어빌 성 요한 성당의 돔브로프스키 신부가 서거하자 카폰 신부가 임시 주임 신부로 임명되었다. 6월 5일 그는 주교에게 다음과 같은 편지를 보냈다.

먼저 스피어빌 성 요한 성당의 주임 신부로 임명해 주신 데 감사드립니다. 어제 제대 통보를 받아 바로 군 교육 지원금을 신청하여, 이번 9월에는 가톨릭 대학에서 공부할 수 있게 되었습니다.

그런데 여기엔 적지 않은 어려움들이 있습니다. 우선 고라시 신부님께서 학교 근처에 제가 묵을 숙소를 마련하려고 애를 쓰고 계시나 마땅한 곳이 없는 데다, 저희 교구가 돔브로프스키 신부님과 매키스 신부님의 서거로 인해 여러모로 침체된 상황입니다. 그래서 제가 필요하시다면 교구 일을 해 보려고 합니다. 사실 제 능력으로 과연 대학에서 공부를 해낼 수 있을까 하는 걱정도 됩니다. 2년 동안 군대에서 복무했기 때문에 책도 많이 보지 못했는데 갑자기 벅찬 연구에 뛰어들어 과연 이를 감당해 낼 수 있을까 하는 생각도 듭니다. 법규에는 제대한 지 4년 이내라면 언제든지 교육을 받을 수 있게 되어 있으니, 금년에는 대학에 진학하지 않는 것이 좋을 것 같습니다. 주교님께서 이에 대해 결정을 내려 주시면 기꺼이 따르겠습니다.

8월 23일부터 9월 말까지 카폰 신부는 허친슨 성 데레사 성당에서 일을 도왔다. 한편 윈켈만 주교는 워싱턴에서 카폰 신부가 지낼 만한 곳을 구하지 못했다는 소식을 듣고 세인트루이스 대학에 진학시키기로 한 다음, 세인트루이스 성 프란치스코 살레시오 성당의 본당 신부에게 숙소를 부탁하는 편지를 썼다.

카폰 신부를 신부님의 식객으로 맞아 주시기를 간곡히 부탁드립니다. 카폰 신부는 고귀하고 열정적인 사람입니다. 그는 신부님의 규율에 철저히 따를 것이며 신부님의 좋은 원조자가 될 것입니다. 카폰 신부는 향학열에 불타는 사람으로 호화스러운 밤 풍경과는 거리가 먼 사람입니다.

그런데 그사이에 워싱턴에서 숙소를 구한 카폰 신부는 그곳에 자리를 잡았다. 그리고 다음과 같은 편지를 썼다.

1946년 10월 13일, 가톨릭 대학에서.

존경하는 고라시 신부님, 저는 10월 1일 이곳에 도착했습니다. 바로 아란드 신부님을 찾아뵙고 성 요한 회관 105호실에 자리를 잡았습니다. 좋은 방에다 음식 맛도 좋습니다. 그날 바로 학과 신청을 마치고 10월 2일 첫 등교를 했습니다. 학교에서는 전공으로 교육학을 택하고 선택 과목으로 역사학을 권해 주면서 한 학기에 열두 시간을 수강하도록 허락해 주었습니다. 그래서 저는 학교에 윈켈만 주교님께서 저처럼 제대한 신부들이 교구에서 운영하는 학교나 일반 고등학교의 정교사가 될 수 있도록 교육학 학위를 취득하길 원하신다고 전했습니다.

지도 교수인 드롭가 교수께서 캔자스주의 자격 심사 조항을 보시더니, 교원 자격을 얻으려면 우수한 성적을 받아야 한다고 하셨습니다. 저는 영어와 역사 과목의 자격증은 얻을 수 있는 상태였습니다. 하지만 둘 다 합격 증서가 없습니다. 따라서 역사를 선택 과목으로 정하여 석사 과정을 마치면 주에서 요구하는 합격 증서를 충분히 얻을 수 있을 것입니다.

교육학은 종합 시험을 보면 대학에서 이미 얻은 학식이나 경험에 해당되는 합격 증서를 받을 수 있게 되어 있었습니다. 그래서 저는 열두 개의 증서 중 여섯 개의 증서를 받았습니다. 이제 졸업 때까지 30시간의 교육학 수업과 나머지 세 학기의 수업들이 저를 기다리고 있지만 연구하는 기쁨을 되찾을 것에 마음이 무척 설렙니다. 오는 10월 25일에 독일어 시험이 있어 지금 열심히 준비하고 있습니다.

그 후 카폰 신부는 빡빡한 수업과 연구에 집중하느라 그전처럼 편지를 자주 보내지는 못했다. 이듬해 봄에 윈켈만 주교의 후임으로 캐럴 주교가 부임하자 카폰 신부는 축하 인사 편지를 보냈다. 이로써 카폰 신부와 캐럴 주교의 편지가 시작되었다.

1947년 5월 6일.

존경하올 캐럴 주교님, 주교님의 취임을 진심으로 축하드립니다. 주교님의 엄숙한 취임식에 직접 참석하지는 못합니다만 앞

워싱턴 D.C. 가톨릭 대학에서 공부하던 시절의 카폰 신부

으로 주교님께서 기도와 미사로 위치토 교구를 위해 하실 사업에 하느님의 무한한 축복이 함께하기를 기원하겠습니다.

저는 현재 가톨릭 대학에 연구실을 마련하여 교육학 하기 과정 연구와 9월 중에 있을 연구를 같이 진행하려고 합니다. 지금 계획으로는 내년 2월이면 전 과정을 마치게 됩니다. 이상 모든 점을 들어 제 연구를 허락해 주시기를 바랍니다. 또한 저는 예비역 장교로서 받아야 하는 한 달간의 훈련을 위해 이미 펜실베이니아주 카리슬 부대에 신청을 해 놓았습니다. 다행히 훈련이 학년 말과 하기 과정 사이에 있어 여름휴가에는 캔자스에 가지 않고 대학에 남아서 논문을 쓸 계획입니다. 연례 피정은 이미 사순절에 이곳 대학에서 받았습니다.

말씀드린 것들이 앞으로의 제 계획입니다. 저의 학업이 계속되도록 허락해 주시기를 간절히 바라며 아울러 감사드립니다.

캐럴 주교는 카폰 신부의 모든 의견을 들어주었다. 그 후 카폰 신부는 주교님께 자기 장래에 대한 편지를 올렸다.

1947년 7월 15일.

존경하올 주교님, 예비역 훈련 중에 저는 지금 군대에 가톨릭 신부가 절실하게 필요하다는 말을 듣게 되었습니다. 타 종교 신자들로부터 우리 가톨릭이 곁가지처럼 소홀히 취급되고 있는 것 같았습니다. 그래서 저는 세리 신부님께 제가 주교님께 글을 올려 군에 다시 복무할 수 있도록 허락을 받겠노라고 말씀을 드렸습니다. 신부님께서는 워낙 가톨릭 군목이 모자라기 때문에 문제없이 승낙될 것이라고 하셨습니다. 군종감실에서는 자진해서 허락을 받고 오는 신부를 원하고 있습니다.

주교님, 저는 지금 말씀드린 바와 같이 군에 가기를 원합니다. 저의 간청이 주교님 뜻에 어긋나지 않기를 바랍니다. 허락해 주신다면 저는 성심성의껏 봉사할 것입니다. 하지만 석사 학위를 받기 전에 대학을 그만두고 싶지는 않습니다. 성탄절까지만이라도(주교님께서 허락하신다면) 일선 근무에 필요한 만반의 준비를 하겠습니다. 부디 선처하시고 허락해 주십시오. 더없이 중요한 이 일에 대하여 심사숙고해 주시기를 청합니다.

1947년 8월 21일.

그리운 아버님, 어머님! 이번 여름에 집에 가지 못하는 것을 너무 섭섭하게 생각하지 말아 주세요. 저축한 돈이 거의 다 떨어졌는데 먼 길에 돈이 많이 들 것 같아 학교에 남으려고 합니다. 8월 9일에 하기 과정을 마치고 11일부터 13일까지 카나 학원에서 청소년들을 일상의 죄악에서 구제하기 위한 강연을 하였습니다. 주로 부모들이 자녀들의 보호를 위해 무엇을 해야 하는지에 대해 가르쳤습니다. 이러한 문제는 특히 도시에 사는 아이들에게 더욱 중요할 것입니다. 앞으로 제가 이 방면에서 일할 수 있었으면 합니다.

캐럴 주교님의 허락으로 워싱턴에 머무르며 논문을 쓰게 되었습니다. 교육학 석사 학위를 받으려면 교육 문제에 관한 모든 연구 결과를 상세히 써야 합니다. 제가 택한 주제는 '미국 고등학교의 종교 신임성에 대한 연구'입니다. 저는 이 연구에서 미국 모든 주뿐만 아니라 알래스카와 미국령 사모아까지 포함하여 광범위한 조사를 하고 결론을 내렸습니다. 가톨릭 복지회에서도 좋은 자료들을 얻을 수 있었습니다. 그 이후로 지난 며칠 동안 매일 아침 일찍부터 다음 날 새벽 한 시 반까지 일했습니다. 너무 피곤해서 오늘은 쉬는 참입니다. 일을 마치고 조금 여

유가 생기면 9월에 며칠 동안이라도 집에 들를까 합니다. 확답을 드릴 수는 없지만 그저 즐거운 생각이라고나 할까요.

제 사진을 보시고 좋아하셨다니 저도 기쁩니다. 사진만큼 살이 쪘다고는 믿어지지 않으시지요. 체중이 175파운드나 됩니다. 이러고도 제가 여기서 고생한다고는 말할 수 없겠지요.

유진에게 여자 친구가 생겼다니 정말 기쁩니다. 얼마나 오랫동안 독신으로 지내려는지 걱정하던 차였습니다. 스물세 살이니 이제 자리를 잡아야 하겠지요. 착한 사람이고 독실한 가톨릭 신자라면 적당한 짝이 되리라고 생각합니다.

유진과 헬렌의 결혼식(오른쪽 끝 카폰 신부)

머지않아 7년 전 제 서품식 때처럼 즐거운 잔치를 벌이게 되겠군요. 그들이 행복한 한 쌍이기를 진심으로 바랍니다. 시간이 된다면 결혼 전에 그들을 만나고 싶습니다. 이런 생각을 하면 할수록 이번 9월에는 꼭 캔자스에 가야겠다는 생각이 듭니다.

두 분께서 몸 건강하시고 일도 모두 잘되신다니 정말 기쁩니다. 옥수수 농사에 비가 모자라는 것은 좀 걱정이 됩니다. 밭 갈고 씨 뿌리기에 한창 바쁘실 텐데 또 머지않아 건초도 말리기 시작하셔야 되겠지요.

카폰 신부의 불타는 학구열의 일면은 그의 논문 제목에서도 엿볼 수 있다. 다시 말해 이 논문은 학교 구역에서 종교가 얼마나 신뢰를 받고 있는가를 알아보려는 깊이 있는 첫 연구였다. 종교는 교육에서 늘 논제이기 때문에 카폰 신부의 진지하고 학구적인 연구는 더욱 빛을 발했다. 트렁크의 반이 넘게 쌓인 자료만큼이나 학구적인 대학원생으로 향상한 동시에 그의 영적인 면 또한 보이지 않는 변화가 일고 있었다. 바로 하느님께서 그에게 각별히 포도원에 가서 일하라는 명령을 내리셨다는 신념을 품게 된 것이다.

그가 이 땅에서 살던 마지막 몇 달 동안 수없이 혼잣말로 중얼거린 것처럼 "하느님께서는 정말 이상하게 활동하신다. 정말 알 수 없는 일"이다. 카폰 신부는 학문 연구에 몰두할수록 겸손한 영혼들을 구하기 위해서는 자신을 넓힐 수 있도록 검소해져야 한다고 생각했다. 그는 예전에 필센의 9학년이었을 때 담임 교사였던 수녀님께 다음과 같은 편지를 보냈다.

1947년 12월 26일.

가톨릭 대학에서 그리운 유프라시아 수녀님께.

크리스마스카드를 보내 주셔서 고맙습니다. 수녀님께서는 전과 다름없이 아름다운 카드를 만들어 다른 사람들을 즐겁게 해 주시는군요. 수녀님의 카드를 받고 정말 기뻤답니다. 불현듯 즐거웠던 옛날이 떠오를 만큼 말입니다.

대학에 와서 저는 교사의 길이 얼마나 어려운지 알게 되었습니다. 가르치는 일에 평생을 바치고 계시는 수녀님들께 분명 하느님께서 상을 주실 것입니다. 하지만 저는 그러한 고역을 맡지 않으면 합니다. 지닌 것도 별로 없는 제가 다른 이를 가르치는 중책을 맡는 것은 그야말로 어불성설일 것입니다. 다행히 하느님께서는 저를, 선생님들을 칭찬은 하되 교사가 되기를 원하지 않는 사람으로 빚으신 듯합니다.

정말 즐거운 성탄절입니다. 어제는 햇빛이 맑게 비쳤습니다. 그리고 오늘은 첫눈이 내려 정말 아름답습니다. 하느님의 은총이 영원하시기를, 영원히 하느님 사랑 안에 사시기를 기도드립니다.

연구를 마칠 무렵 그는 주교에게 이러한 편지를 보냈다.

1948년 1월 10일, 가톨릭 대학에서.

존경하올 주교님, 석사 학위 취득을 위한 종합 시험이 2월 말부터 2주일간 있을 예정입니다. 그래서 2월 말까지는 학교에 남아 있어야 합니다. 교구에서 일하려면 아무래도 차가 하나 있어야 할 것 같아서 지금 물색 중입니다. 워싱턴과 위치토의 차 가격을 비교해 본 결과 역시 워싱턴에서 중고를 사는 것이 좋을 것 같습니다. 주교님께서 허락해 주신다면 워싱턴에서 차를 사서 2월 말에 캔자스로 가겠습니다.

제8장

다시 군복을 입고

　캐럴 주교는 짧은 휴가를 보낸 카폰 신부를 1948년 4월 9일 팀켄이라는 보헤미아 교구의 성삼 성당 본당 신부로 임명했다. 카폰 신부는 10월 9일 다시 군종 신부로 돌아갈 때까지 그곳에서 열심히 일했다. 짧은 기간이었으나 그는 후에 한국 전선에서 모든 동료들의 마음을 사로잡았던 것처럼 그곳 사람들의 마음에 깊은 인상을 심어 주었다.

　카폰 신부와 만난 사람들은 그들 사이에 태양처럼 따뜻한 정이 움텄다고 증언한다. 볼링장을 운영하는 조 피아라는 카폰 신부를 아느냐는 질문에 깜짝 놀라며 이렇게 말했다.

　"아느냐고요? 신부님은 저와 아이들과 함께 공을 굴리셨는

걸요. 카폰 신부님은 다시없는 호인이셨습니다. 제가 가톨릭 신자가 아니었는데도 신부님은 저를 조금도 차별 대우 하시지 않았습니다. 그래서 개신교 신자든 가톨릭 신자든 모든 사람이 신부님을 좋아했지요."

또한 피아라는 카폰 신부가 질문에 대한 답변 외에는 종교의 차이에 대한 논의를 한 일이 없다고 전했다. 그만큼 신앙에 대한 진실성이 깊었던 것이다.

팀켄의 본당 신부 크라프니 신부는 카폰 신부를 이렇게 말했다.

"카폰 신부는 내가 본 사람들 중에 가장 특별한 사람입니다. 그에게는 성인이라는 표현이 가장 적합할 것입니다. 베푸는 사람이라는 표현 또한 다른 사람들을 위해 애쓴 그의 정신을 보다 잘 드러낼 수 있을 것입니다."

카폰 신부는 언제나 웃음과 유머로 다른 성직자들을 대했다. 이에 대해 본당 교우였던 레너드 핑거의 1954년 2월 10일자 편지에서는 다음과 같이 전하고 있다.

톤 신부님, 카폰 신부님의 전기를 쓰시는 데 조금이라도 도움이 될까 하여 사진과 편지를 동봉합니다. 사진은 1948년 5월

11일 카폰 신부님께서 주례해 주신 두 쌍의 혼인 미사 때 촬영한 것입니다. 제가 알기에 신부님께서 두 쌍의 혼인 미사를 주례하신 것은 이것 한 번뿐이었을 것입니다.

1948년 5월 11일, 팀켄의 성당에서 카폰 신부가 주례한 두 쌍의 혼인 미사

카폰 신부님의 풍부한 유머 덕분에 사람들은 모두 신부님에게 더욱 인간적인 친근함을 느낄 수 있었습니다. 그렇다고 해서 신부님의 품위를 손상시키는 일은 절대 없었습니다. 좋으신 신부님의 힘은 끝없이 퍼져 나갔고 이 편지에서도 느껴지는 것처럼 사람들에게 영감을 북돋아 주셨습니다.

훌륭한 카폰 신부의 영향력은 다음 편지에서도 볼 수 있다.

1953년 7월 27일.
캔자스 도지 시티 성심 대성당에서 카폰 신부 부모님께.
두 분께서는 아마 저를 기억하지 못하실 것입니다. 제가 두 분을 뵈었을 때, 저는 카폰 신부님에게 끌려 신학교에 가던 길이었습니다. 댁에 머무르기도 했었지요. 저로서도 이 애석한 마음을 어떻게 말씀드려야 할지 모르겠습니다. 두 분의 서러움을 새삼스레 일깨워 드리는 것 같습니다만, 카폰 신부님은 너무나 선량했고 너무나 용감한 분이셨습니다. 부디 슬픔을 거두시기 바랍니다.

저는 팀켄 출신입니다. 만일 카폰 신부님을 만나지 못하고 또 카폰 신부님의 격려를 받지 못했더라면 저는 신부가 되지 못했을 겁니다. 카폰 신부님은 저에게 훌륭한 신부의 표양이 되어 주셨습니다. 친절함과 거룩한 모습으로 제가 신부가 되도록 독려해 주셨습니다. 신부님을 아는 모든 사람들은, 카폰 신부님의 모든 품행은 그야말로 하느님을 그대로 본뜬 것이라고 합니다. 카폰 신부님을 잃은 이 큰 공간을 어찌 다 메울 수 있겠습니까마는 저 역시 신부님의 뒤를 따라 열심히 봉사할 것입니다.

제가 성품에 오르던 날 이후 저는 늘 카폰 신부님의 건강을 위하여 기도드렸습니다. 자기 전에도 늘 기도를 올리며 신부님을 뵙고 직접 축복해 드리는 날을 고대했습니다. 그런데 이제는 천국에 가서 다시 만날 날을 기다리게 되고 말았습니다.

저는 카폰 신부님에게 받은 편지를 모두 보관하고 있습니다. 더욱이 1950년 10월 지프차 안에서 써 보내 주신 마지막 편지도 간직하고 있습니다. 두 분의 애석한 심정에 비할 수는 없지만 저 역시 너무나 그립고 안타까울 따름입니다. 저는 미사 때나 기도할 때에 언제나 신부님께서 저와 함께 계심을 굳게 믿습니다.

두 분께서 제 힘이 필요하실 때 언제라도 알려 주십시오. 기꺼이 찾아뵙겠습니다. 또한 미사 때나 기도할 때에 카폰 신부님과 함께 두 분을 마음속에 모시겠습니다. 필센에 가게 되면 찾아뵙겠습니다.

주님의 종, 프레드 두지카 신부 올림.

카폰 신부는 그 어디에서든지 손수 땀을 흘리며 몇 시간씩 풀을 베고 땅을 다지는 힘든 일들을 마다하지 않았다. 팀켄에서도 마찬가지였다. 그가 교구를 위해 일할 사람을 찾으면 언제나 두 배가 넘는 사람들이 자진해서 모였다. 한번은 성당 근처에서 자갈을 운반할 일이 있었다. 네 명이 서로 번갈아 가며 손수레를 밀기로 했다. 물론 그 네 사람은 카폰 신부에게 옆에 서서 그저 감독만 하시라고 했지만 그는 끝내 한몫을 차지하여 사람들이 쉴 수 있는 시간을 만들어 주었다.

이처럼 카폰 신부는 언제나 행복하게 지냈다. 그러나 그의 가슴속에서는 지금 자신이 고국에 있는 것보다는 전선에 나가 군인들을 위해 사목하는 것이 더 필요하다는 믿음이 커지고 있었다. 드디어 그는 주교님께 다시 편지를 썼다.

> 1948년 9월 1일, 캔자스주 팀켄의 성삼 성당에서.
>
> 존경하올 주교님, 제가 다시 전선 근무를 하고 싶어 하는 이유는 지난번 윈켈만 주교님께서 저에게 예비역 훈련을 허락해 주셨던 것과 같습니다. 비상시에 즉시 근무할 수 있는 신부가 있어야 한다는 것입니다. 물론 제가 오직 개인적인 욕구 때문에 팀켄을 떠나 군대에서 봉사하겠다는 것은 아닙니다. 개인적으로는 교구에 남아 있고 싶지만, 현 사태를 보아서는 한시라도 빨리 나서야 한다고 생각합니다. 저는 어려서부터 교구 사람들을 아끼고 사랑했습니다. 그러나 현재와 같은 비상시에는 군인들을 위해 몸을 바쳐야 한다고 진정으로 믿고 있습니다. 가능하다면 위치토에 가서 직접 뵙고 이 문제에 대해 말씀드리고 싶습니다. 9월 8일에는 이곳에서 혼인 확인을 하게 되어 있으니 양지해 주십시오.

1948년 9월 25일, 드디어 카폰 신부는 다시 군에 들어갈 것을 허락받았고 실제 복무를 할 때까지 잠시 필센에 머물렀다. 10월 17일 카폰 신부는 성당 게시판에 '이번 주말이면 여러분의 본당 신부 고라시 신부님께서 돌아오십니다. 화요일 아침에 호미나 삽, 그 밖의 도구를 가지고 나오셔서 성당의 뜰을 아름답게 가꾸는 데 도움을 주시면 고맙겠습니다. 일손이 많으면 짧은 시간 안에 일을 끝낼 수 있습니다.'라고 써 붙였다. 그날 일은 물론 기록적으로 짧은 시간 내에 마칠 수 있었다.

11월 15일 카폰 신부는 텍사스주 포트 블리스에 파견되어 이듬해 5월 1일까지 고사포대에서 근무했다. 다음은 당시 그가 주교님께 보낸 편지다.

1948년 11월 26일.

존경하올 주교님, 드디어 일개 대대에서 근무하도록 지명을 받았습니다. 제 거처를 소개해 드리겠습니다. 제 소속 부대인 제35대대는 새로 편성되어 첫발을 내딛는 곳입니다. 아직 제대로 된 사무실도, 변변한 성당도 없지만 서서히 장소를 마련하는 중입니다. 얼마 전에 2년 전부터 비어 있던 건물을 찾아내 수북이 쌓인 먼지와 흙을 청소하느라 바쁘게 지냅니다. 1월까지 청소가 끝나면 약 6천 명 정도 되는 병사들을 맞을 수 있을 것입니다. 1월에서 2월 사이에 약 3만 명의 병사가 오기로 되어 있는데 현재 가톨릭 신부가 두 명뿐이라 마음이 무겁습니다.

오늘 워싱턴 주교회의에 참석하고 돌아오신 메츠거 주교님을 만나 뵈었습니다. 메츠거 주교님께 주교님 말씀을 드렸더니

대위로 복무한 카폰 신부

주교님을 잘 알고 계시다면서 너그럽게 저를 대해 주셨습니다.

저희 막사는 로건 고원에 자리한 엘패소 교외의 사막이 내려다보이는 산모퉁이에 있습니다. 약 40마일 정도 가다 보면 산이 보입니다. 그곳에는 풀은 없고 선인장과 다 죽은 듯한 잡초만 무성합니다. 먼지가 대단한 데다 모래바람도 심해서 차의 칠이 벗겨질 때도 있습니다. 어떤 때는 저희 막사가 떠나갈 듯이 바람이 심하게 불어 대기도 합니다. 저는 몇 분마다 불어 들어오는 모래 바람으로 매일 샤워를 하고 있습니다. 밤엔 춥고 낮엔 대단히 덥습니다.

이곳 군대 생활이 편하지는 않지만 저는 이 생활을 즐기고 있습니다. 마치 이동 야영과 같은 열악한 상황 속에서도 병사들은 우리가 하는 일에 고마워합니다. 훈련에서 군목들이 맡은 일은 2년 전에 제가 맡았던 일보다 더 중대합니다. 젊은 병사들과 함께 일할 수 있다는 것이 기쁩니다. 또한 가톨릭 대학에서 청년 심리에 관해 특별한 연구를 할 수 있었던 것도 무척 고맙게 생각합니다.

1949년 3월 18일, 텍사스 포트 블리스에서.

존경하올 주교님, 월례 보고가 늦어져 대단히 죄송합니다. 패혈증에 걸려 이틀 동안 누워 있었습니다. 며칠 동안 지팡이에 몸을 의지한 채 절룩거리느라 일이 많이 밀렸습니다. 지금은 한 고비 넘긴 것 같습니다.

계속해서 신병들이 오고 있습니다. 보스턴에서 마퓌 신부를 맞이하게 되어 다행입니다. 전체의 반이 조금 넘는 병사들이 가톨릭 신자라 더 많은 군종 신부가 필요합니다.

요즘에는 편지들과 《앞날의 기록》을 받아 보고 있습니다. 외진 사막에서는 그러한 것들이 더없이 반갑습니다.

이곳 병사들은 매일 미사에 참례하고 있으며 사순절 동안 십자가의 길과 성모님께 드리는 9일 기도도 열심히 바치고 있습니다. 부대에 아일랜드에서 온 병사들이 몇 있어서 어제는 성 패트릭의 날을 위한 특별한 차림을 하였습니다. 어느 병사의 부모님이 아일랜드에서 직접 보내 주신 토끼풀도 받았습니다. 고깃국같이 구수한 사투리를 쓰는 아일랜드 병사들은 신앙심도 매우 두텁답니다.

1949년 9월 11일 카폰 신부가 팀켄에 있는 레너드 슈나이더에게 보낸 편지다.

저는 지금 대죄를 짓고 사랑하는 사람들을 대하는 마음으로 이 글을 쓰고 있습니다. 너무 오랫동안 소식을 드리지 못해서 죄송합니다. 널리 용서해 주십시오. 저는 늘 팀켄과 여러분을 생각했습니다. 할스테드에서 보내 주신 훌륭한 선물과 편지, 감사히 잘 받았습니다. 특히 과자는 정말 맛있게 먹었습니다. 에틸 마에와 라 번이 5월에 결혼한다는 소식도 들었습니다. 진심으로 축하합니다. 멀리서나마 모든 일에 축복이 깃들고 번성하기를 기도하겠습니다. 혹 이쪽에 들르실 일이 있으시면 잊지 마시고 찾아 주십시오.

이곳 사령관들은 우리 군목들이 하는 일에 많은 관심을 가지고 있습니다. 저는 지난 11월 12일 이곳으로 부임해 온 뒤로 나흘밖에 쉬지 못했습니다. 많은 병사들이 주일 미사에 열심히 참례하고, 어떤 병사들은 매일 영성체를 하고 있습니다. 병사 네 명은 신부가 되겠다 하고, 두 명은 수사가 되겠다고 합니다. 특히 이 사람들은 모든 일에서 저를 본받으려고 해서 저는 그들에게 더욱 모범이 되도록 노력하고 있습니다. 저는 늘 교리 강의, 혼인성사, 전몰 귀환 용사들의 장례 등으로 바쁘게 지냅니다.

이따금 이곳의 원시적인 환경에 비해 팀켄에서는 아주 편하게 성사를 거행할 수 있었다는 생각이 듭니다. 또한 팀켄의 여러분들과 헤어져 있는 것이 몹시 섭섭하기도 합니다. 그러나 이곳 병사들에게 신부가 꼭 필요하고 또한 주교님께서 그것을 잘 아시어 저를 보내 주신 것을 생각할 때 저는 매우 기쁩니다. 저는 병사들을 사랑하며 그들에게서 사랑을 받고 있습니다. 10월 말이면 이곳 병사들은 훈련을 마치고 전선으로 나갈 것입니다. 물론 그들이 떠나면 신병들이 또 올 것이며, 저는 언제나 이 자리에 남아 그들을 돌봐 줄 것입니다. 11월에는 당연히 해외에 나갈 것으로 여러분들이 생각하셨는지도 모르겠습니다. 제 생각으로는 가톨릭 신부가 너무 모자라서 저를 데리고 가지 않은 것 같습니다.

　대대가 포격 훈련을 하러 사막에 갔을 때 대대장이 저에게 "신부님도 오셔서 시발을 하시지요."라고 하기에 대포를 쏘아 봤습니다. 놀랍게도 제가 쏜 포는 우리나라에서도 제일 큰 고사포로 무게가 34만 4천 파운드나 되는 것이었습니다.

　오랜만에 드리는 편지입니다만 이만 줄이겠습니다. 언제나 팀켄 교구 여러분을 잊지 않고 있다는 것을 기억해 주십시오. 여러분께 하느님의 축복이 있기를 빕니다.

　10월 들어 카폰 신부는 뜻밖의 명령을 받고 주교에게 다음과 같은 편지를 올렸다.

　1949년 11월 1일, 텍사스주 포트 블리스에서.
　존경하올 주교님, 뜻밖에 해외 근무를 하게 되었습니다. 아무리 늦어도 1950년 1월 20일 전에는 시애틀에서 일본 요코하마로 가야 합니다. 병사들은 12월 8일까지 요새를 떠날 것이며, 저도 12월 12일에 이곳을 떠나 위치토에서 성탄절을 지낼까 합니다. 부모님과 함께 지내고도 싶습니다만 제가 도와야 할 성당이 있으면 기꺼이 도울 것입니다.

캐럴 주교는 언제나 모든 편지에 답장을 썼다. 1949년 11월 1일 그는 카폰 신부에게 다음과 같은 회답을 보냈다.

카폰 신부에게.
견진성사를 집전하러 캔자스 서부로 떠났던 오랜 여정을 마치고 이제 막 돌아왔네. 자네의 훌륭한 편지와 빛나는 활동을 알리는 월례 보고를 보고 정말 고마웠네. 나도 자네가 일본으로 파견된다는 것을 듣고 많이 놀랐네. 출발 일정이 확정될 때까지는 아무 말 안 하겠네만, 확실한 날짜를 알려 주면 자네가 일본에 가는 것에 대해서 《앞날의 기록》에 짧은 기사를 실을까 하네.

1949년 12월 12일 카폰 신부는 마지막 휴가를 얻어 필센으로 돌아왔다. 그는 몇몇 친구들과 신부들에게 6·25 전쟁이 피비린내 나는 싸움이 될 것 같다는 두려움을 말하기도 했다.
카폰 신부는 성탄절 이틀 전에 척추 수술을 받고 회복하던 개종자 버질 아렌의 농가에 들렀다. 불과 두어 시간을 함께 보냈지만 아렌은 카폰 신부에게 강한 인상을 받았다고 전한다.
"저는 도저히 카폰 신부님을 잊을 수 없습니다. 떠나시기 전에 귀중한 시간을 내어 저를 찾아 주시고 즐겁게 이야기를 건네주신 것에 감사한 마음뿐입니다."

카폰 신부는 고향 본당에서 성탄 대축일 미사에 참례하고 이튿날 서해안으로 떠났다. 조지프 메이싱이라는 마을 사람과 함께 한국으로 가는 여행의 첫발을 내디딘 것이었다. 그의 동창 존 베세키 신부는 다음과 같이 말한다.

"카폰 신부는 한국으로 가는 길에 이곳에 들러 자기가 다시는 돌아오지 못할 것 같다고 말했습니다. 그는 또 6·25 전쟁 상황이 더욱 악화되고 있어 많은 병사들 역시 돌아오지 못할 것이라고도 했습니다. 저는 카폰 신부가 포로가 되기 전까지 편지를 주고받았습니다. 지금도 카폰 신부가 간직하고 있던, 어느 병사가 손수 만들었다는 성체갑(聖體匣, Pyxis)을 간직하고 있습니다."

샌프란시스코에서 메이싱과 헤어진 카폰 신부는 길을 떠나 시애틀 포트 로턴에 이르렀으며 다시 시애틀 군항에 와서 수속을 마치고 1950년 1월 23일까지 대기했다. 그 후 카폰 신부의 편지는 일본에서 계속되었다.

제9장
일본

1950년 2월 10일.

존경하올 주교님, 드디어 굳은 땅을 다시 밟았습니다. 1월 23일부터 2월 7일까지 배를 탔습니다. 저희가 승선하기 전부터 파도가 거칠더니 승선한 뒤 이틀 동안 파도가 굉장하여 많은 병사들이 병이 났습니다. 저 역시 그 이틀 동안은 미사를 드리지 못했습니다. 뱃멀미로 조금 고생스러웠지만 그 후로는 미사를 드렸습니다.

일본은 여러 가지로 흥미를 끕니다. 저는 일본 사람들이 깨끗하고 말쑥하며 친절하다는 인상을 받았습니다. 어제 다른 장교들과 사령부로 가는 길에 나이 든 일본인이 저희를 보고는 비켜서서 발이 물에 다 젖는데도 공손히 절을 하였습니다. 저는 물론 지나친 예절을 좋아하지 않습니다만 제 생각에 그는 저희에게 인사를 하고 싶었던 것 같습니다. 다른 사람들도 길에서 저희에게 가볍게 머리를 숙여 인사를 했습니다. 그들도 영어로 인사할 수 없고 우리도 일본어로 인사할 수 없으니 서로 이렇게 몸짓으로라도 뜻을 표시하는 것이라고 생각합니다. 일본어를 배울까 합니다. 적어도 일상적인 인사 정도는 할 수 있어야 할 테니까요.

같은 날 그는 부모님께 항해에 대해 편지를 썼고, 2주일이 지난 뒤 다음과 같은 편지를 보냈다.

그리운 아버지 어머니! 그동안 저를 잃어버리신 것 같은 기분이셨지요. 어떻게 지내십니까? 저는 얼굴에 적당히 살도 오를 만큼 잘 지냅니다. 이곳은 좀 춥습니다만 낮에는 따뜻하고 해가 잘 비칩니다.

저는 이번에 기병대에 소속되었습니다. 말을 타는 것은 아니고, 걷고 행군을 하는 보병과 같습니다. 부대는 세계에서 세 번째로 크다는 도쿄 한복판에 자리 잡고 있습니다. 일본 사람들은 거리에 이름을 표시하지 않기 때문에 저 같은 객지 사람들은 길을 잃기 십상입니다. 게다가 길이 사방으로 뻗어 있어서 이곳에서 한참을 지내야 길을 제대로 알 수 있을 것 같습니다.

일본 사람들은 좌측통행을 합니다. 교통순경들도 독특한 방식으로 교통정리를 합니다. 국도는 속도 제한이 시속 35마일이지만 인도人道나 마차, 자전거, 조그마한 일본제 차들이 밀고 덮치고 하는 혼잡한 길에서는 차를 빨리 몰지 않습니다. 일본에는 가솔린이 아닌 목탄 및 신탄薪炭차, 전차가 있습니다. 모두가 느리게, 또 조용히 움직입니다. 가솔린은 1갤런에 12센트, 기름은 1쿼트에 15센트 정도 됩니다. 길이 무척 좁습니다. 인도는 말할 수 없을 정도입니다.

일본 사람들은 친절하고 공손하며 퍽 부지런합니다. 장교 숙사에 일본 소녀 둘이 있는데 깨끗이 청소도 하고 빨래도 하고 다림질도 해 줍니다. 다른 나라에서는 볼 수 없었던 일입니다. 이젠 저도 일본어를 조금 할 수 있게 되었습니다.

1950년 3월 월례 보고에 덧붙여 카폰 신부는 다음과 같은 내용을 밝혔다.

종교 활동 사항: 혼혈 혼인자에게 여섯 차례, 개종자에게 두 차례 교육을 하였습니다.

일반 사항: 최근 부대원을 조사한 결과 개신교 신자가 65퍼센트, 23퍼센트가 가톨릭, 1퍼센트가 유대교, 11퍼센트가 무종교였습니다. 부대에 약 400명의 신자가 있지만 대부분 오랫동안 성사를 받지 않아 적잖이 놀랐습니다. 몇몇 병사들은 대단히 열성적이고 모범적인 신자입니다. 다른 신부님들도 저와 같은 생각으로, 얼핏 보기에 낙망적으로 보이기도 하는 이 사업에 힘을 쏟아 길 잃은 양들을 울타리 안으로 인도하고자 애쓰고 있습니다. 단 몇 사람이라도 다시 울타리 안으로 돌려보낼 수 있다면 이는 정말 좋은 일일 것입니다.

카폰 신부는 여러 사람에게 편지를 보냈다. 난생처음 지진을 겪고 나서는 부모에게 다음과 같은 편지를 보냈다.

그리운 아버지 어머니, 어떻게 지내십니까? 어제 신문을 보니 중서부에 강한 모래 바람이 불었다고 하더군요. 바람에 몸 상하지 않게 조심하세요. 이곳은 춥습니다. 낮에는 따뜻하지만 그래도 하루 종일 외투를 입고 다닙니다. 머지않아 봄이 될 것입니다. 벌써 나무들의 싹이 돋아나려 합니다. 저도 벚꽃 구경을 할까 합니다. 굉장히 고운 꽃입니다.

이곳에 온 뒤로 벌써 세 번이나 지진을 겪었습니다. 20분 동안이나 땅이 들이뛰고 이리저리 흔들렸습니다. 정말 무섭습니다. 곧 익숙해지겠지만, 일본 사람들도 지진이 나면 얼굴이 하얗게 질려 말도 제대로 못 합니다. 작년에도 지진으로 낡은 집 한 채가 부서졌다고 합니다. 또 어느 병사는 제가 오기 전에 지진 때문에 자다가 침대에서 떨어진 사람도 있었다고 말합니다.

요즘 병사들과 함께 일하느라 정신없이 바쁩니다. 훈련 때 여러 곳을 돌아다니기 때문에 곳곳을 구경할 수는 있습니다. 요즘엔 주일 외에는 별로 드라이브도 하지 않습니다. 역시 걸어다니며 할 일이 많습니다. 오늘 유진의 생일인데 큰 잔치를 벌이시겠군요.

1950년 3월 1일.

존경하올 주교님, 위치토 교구에서 이곳 일본에 오신 군목으로부터 주교님께 사순절 인사를 올려 달라는 부탁을 받았습니다.

저의 소속 부대는 전투 훈련 부대이며 다른 부대와 같은 점령 부대는 아닙니다. 우선 훈련을 받으며 이곳의 전투에 대비하고 있습니다. 앞으로 두 달 후에 또다시 대훈련이 있을 것입니다.

성 요셉 수녀님이 계시다는 교토는 제가 있는 곳에서 남쪽에 있습니다. 거리가 얼마나 되는지는 알 수 없습니다. 일본의 길은 넓기는 하나 상태가 나쁘고 구조가 복잡하여 마음대로 차를 몰고 다닐 수가 없습니다. 또 나가 봐야 한 시간에 겨우 20마일 정도 갈 수 있을 뿐입니다. 하지만 기차 운행은 매우 양호합니다. 그러나 아는 사람이 없고 일본어를 못하는 저희로서는 장거리 여행은 하지 않는 것이 좋을 듯합니다.

1950년 3월 10일.

조지프 메이싱 씨와 부인 그리고 가족 여러분께!

고마운 편지와 함께 샌프란시스코에서 쓰신 기행문을 보내주셔서 대단히 고맙습니다. 그동안 많은 것을 보고 느끼셨다니 저도 기쁩니다. 저는 금문교 위로 운전만 했지 다리를 직접 보지는 못하였습니다. 안개가 너무 짙게 끼어서 그랬습니다만 정말 우스운 일입니다.

저는 이리저리 돌아다니며 병사들의 일을 봐 주고 있습니다.

일본에서 복무한 카폰 신부

나중에 기념으로 삼으려고 사진기와 컬러 필름을 사서 아름다운 풍경들을 촬영하고 있습니다. 얼마 전에는 궁성을 보았습니다. 일반인에게는 출입이 금지되어 있었습니다. 높은 성벽과 그 밖으로는 운하가 있었습니다. 이 운하 너머가 바로 맥아더 사령부입니다. 높이 휘날리는 미국 국기를 보고 있자니 말로 형용하기 어려운 느낌이 들었습니다. 제가 만일 5년만 일찍 이 땅에 왔더라면 영락없이 감옥에 갇힌 몸이 되었을 테니까요.

이곳에도 각 자동차 회사 대리점이 있어서 차를 쉽게 살 수 있습니다. 포드는 조립 공장까지 있어서 언제나 차를 생산할 수 있게 되어 있습니다. 미국 차보다 규모는 훨씬 작지만 일본에도 그들의 국산 차가 있습니다. 꽁무니에 커다란 화덕을 달고 다니는 신탄 차도 있습니다. 탄화기를 변경시킨 것을 달아 가솔린 연소를 대치할 수 있게 되어 있어 가솔린차만큼 잘 달립니다. 차가 달리던 중에 가솔린이 떨어지면 스위치를 바꾸어 장작을 때서 그대로 달리는 것입니다.

일본 차에는 우리 미국 차에 없는 장치도 있습니다. 또 삼륜 자동차, 삼륜 화물차 등도 있는데 힘도 제법입니다. 부활절에 복 많이 받으시기를 바랍니다.

1950년 4월 1일.

존경하올 주교님, 지난달에 보내 주신 편지 감사히 잘 읽었습니다. 지난번 편지를 보시고 놀라셨으리라는 생각이 듭니다. 그러나 저희는 전투 지역에 공수되도록 훈련을 받고 있습니다. 이곳 지도자들이 전쟁을 바라는 것은 아닙니다. 단지 때를 놓치지 않도록 만반의 준비를 다하는 것입니다.

훈련이 벅차서 일반 병사들이 평일 미사에 참례하기는 무척 힘듭니다. 주일이면 어떤 병사들은 외출도 하지 않고 성당이나 예배당에 모여 있습니다. 우리나라 병사들 가운데 지식이 매우 낮은 사람들이 있다는 점에 저는 새삼스레 놀랐습니다. 그들 대부분은 집에서 지내던 그대로 병사가 되었습니다. 반가운 일은 아니지만 특히 이들에게 신부가 필요하다고 생각합니다.

캐럴 주교는 1950년 4월 6일 다음과 같은 답장을 보냈다.

그리운 카폰 신부에게!
많은 병사들이 신앙을 외면하고 있다는 것은 정말 유감일세. 그러기에 내가 자네를 군대에 보냈고, 그런 병사들의 뒤를 돌보아 주기를 바라는 마음은 예나 지금이나 변함이 없네. 본국에 있다면 신부가 가까이 있으니 큰 걱정은 없지만, 그곳에 만약 신부가 없다면 그들은 아주 신앙을 잃게 될지도 모르네.

카폰 신부가 숙모 테나 부인에게 보낸 편지다.

저는 일본 옷의 아름다움에 놀랐습니다. 양장한 사람도 있습니다만 역시 자기 나라 옷을 입은 것이 더 아름답게 보입니다. 칠흑같이 검은 머리에 공같이 토실토실한 일본 아이들의 모습도 아주 귀엽습니다. 모두들 동그란 얼굴에 사과같이 빨간 뺨을 하고 있습니다. 일본 사람들은 주로 쌀과 야채와 생선을 먹는데 그래서 그런지 생선 시장이 많습니다. 모든 것이 제법 깨끗합니다. 거리에 떨어진 낙엽을 깨끗이 치울 정도로 그들은 부지런하고 억센 노동을 하고 있습니다.

1950년 4월 16일.

그리운 아버님 어머님께!

40마일 거리에서 돌아오자마자 또다시 다른 방향으로 40마일 길을 떠나야 합니다. 부활절은 잘 지냈습니다. 꽃들도 피고 햇빛도 잘 비치는데 공기는 아직 쌀쌀합니다. 앞으로 2년 동안은 일본에 있게 될 것 같습니다. 저는 이곳에서 즐겁게 지내고 있습니다. 나날이 살이 쪄서 옷이 팽팽해질 정도입니다. 매달 캐럴 주교님에게 편지를 받습니다. 주교님께서는 언제나 친절하게 편지를 보내 주십니다.

집에 있는 병아리들도 많이 컸겠네요. 초목들도 잘 자라고 있겠지요. 여기 보리는 16인치쯤 자랐습니다. 이곳은 보리농사를 짓는 방식이 우리와 많이 다릅니다. 12인치 정도의 간격을 두고 줄을 지어 심은 뒤 간간이 호미질을 합니다. 사람들은 모든 일을 손으로 합니다. 지금은 논갈이가 한창인데 무릎까지 빠지는 진흙 속에서 가래질을 합니다. 가끔 독특한 냄새가 코를 찌르기도 하는데 하수도가 없어 그런 것 같습니다.

1950년 4월 18일.

그리운 아버님 어머님! 소포를 보내 주셔서 감사합니다. 소포 위에 큰 짐을 올려놓았었는지 한쪽이 납작해지긴 했지만 물건이 아주 망가지지는 않았습니다. 생각했던 것보다 과자는 부서지지 않았으나 초콜릿으로 만든 부활 달걀이 납작해지고 말았습니다. 만드시느라 애 많이 쓰셨지요. 정말 고맙습니다. 제가 오히려 아무것도 보내 드리지 못해 죄송한 마음입니다. 일본에서 물건을 보내기란 쉬운 일이 아닙니다. 세관에 가서 검사를 받고 보석이나 귀중품이 아니라는 것을 알려야 합니다. 물론 비싼 관세만 내면 귀중품도 보낼 수는 있습니다. 이번에 일본 부채를 구해서 보내 드릴까 합니다.

소련이 일본을 폭격하지 않는 한 아무 일 없을 것입니다. 일본 사람들은 자기들이 소련을 물리칠 수 있을 만큼 강하지 못하니까 미군이 있어 주기를 바라고 있습니다.

일본 학교에서는 어린이들에게 영어를 가르치고 있습니다. 물론 일상어로 쓰는 나라 사람들만큼 잘하지는 못하지만, 미국보다 더 잘하는 것도 있습니다. 전국적인 전기 시설과 기차 운행 관련해서는 아마 세계에서 제일 잘되어 있을 겁니다. 시각을 잘 지켜 순조롭게 운행되며 거의 다 전기로 움직입니다. 그러나 농촌은 뒤떨어져 있습니다. 모든 일을 손으로 하는 대단한 고역에 시달리고 있습니다. 여자들도 남자만큼 심한 노동을 합니다.

1950년 5월 1일.

그리운 아버님 어머님, 5월 들어서는 공산주의자들이 날뛰어 놀랐습니다. 그들은 저희 숙소에서 얼마 안 떨어진 곳에 본부를 설치하고 낫과 망치가 그려진 붉은 깃발을 달아 놓았습니다. 시위가 일어날 것 같지는 않지만 몇몇 사람들이 분란을 일으킬지도 모릅니다.

얼마 전 가톨릭 군목들이 도쿄 상지 대학에 모여 월례 묵상회를 가졌습니다. 대단히 뜻깊은 자리였습니다. 더욱이 저는 군목으로서 제 몸과 마음을 새롭게 하여 진심으로 봉사하리라고 재차 다짐했습니다.

1950년 5월 4일에는 캔자스 앨버트에 있는 레너드 W. 슈나이더 부부와 그 가족들에게 다음과 같은 편지를 보냈다.

레너드 군, 분명 고민이 많을 줄 아네. 자네도 나처럼 군대에 들어와 세상을 구경하는 것도 좋을 것이야. 생각보다 쉬운 일이라네. 군대에 들어오면 본국에 있을 때보다 할 일이 많네. 나는 즐겁게 이곳저곳으로 병사들을 찾아다니며 미사를 드리고 있는데 지난달만 해도 875마일을 다녔지. 그러나 이곳 샛길은 말이 아닐세. 조수가 자동차를 고치느라 야단이거든.

    나를 위해 기도를 해 주어 고맙네. 하느님께서 자네의 친절에 강복해 주시기를 바라겠네. 내가 팀켄에 있을 때 풀밭과 묘지를 가꾼 것 말고는 이바지한 것이 너무 없어 미안하네. 오히려 여러 사람들에게 걱정을 끼치고 일본으로 오고 말았지. 그런데 이곳에 와서는 즐겁게 제법 많은 일을 하고 있네. 내 소속 부대는 훈련 부대로 전시에는 즉시 출동한다네. 며칠 있으면 우리는 산으로 훈련을 갈 것이네.

    1950년 5월 10일.

    그리운 아버님 어머님, 어머니날에 편지를 받으실 수 있도록 썼어야 했는데 그러지 못했습니다. 대신 이번 주에는 어머니를 많이 생각하겠습니다. 너무 멀리 떨어져 있어 날짜를 잘 맞춰 살펴 드리지 못하고 있습니다. 올해는 두 분의 결혼 35주년이니 기념 잔치를 벌이시겠지요. 그러고 보니 저도 그만큼 나이를 먹은 셈입니다. 두 분의 결혼 25주년 기념식을 어제같이 기억하고 있는데 벌써 10년이나 지나다니요. 일본 특산품을 하나 보내 드리겠습니다. 제가 있는 곳에 아주 아름다운 관목 숲이 있는데 컬러 필름을 사지 못해 찍어 보내 드리지 못하게 되어 아쉽습니다.

요새는 날씨가 나빠 비행기가 잘 날지 못해서 우편물이 늦게 도착합니다. 하지만 일로 여러 곳을 돌아다닌 덕분에 구경을 많이 했습니다. 지난 주일에는 후지산에 올라갔습니다. 흰 눈에 덮인 모습이 정말 아름다웠습니다. 수북이 쌓인 화산재와 용암들이 마치 지금 다시 불타오르는 것처럼 보였습니다. 이 산은 벌써 수백 년 동안 불을 뿜지 않고 있습니다. 병사들이 산에 대고 총을 쏘았습니다. 좋은 표지라고 할까요. 즐거운 어머니날과 결혼기념일을 맞이하시기를 기도드립니다.

1950년 6월 1일.

존경하올 주교님, 보잘것없는 저에게 편지를 보내 주셔서 정말 감사합니다. 이달의 보고는 지난달에 비해서 별것 아닙니다만, 실은 눈에 띄지 않는 고생을 많이 했습니다. 병사들이 사방으로 흩어져 배치되는 바람에 약 1,100마일 이상을 차로 옮겨 다녔습니다. 험한 산길을 지프차로 달리는 것은 정말 고된 일입니다. 그러나 저는 수적인 것들에 매이지 않고 기꺼이 일하고 있습니다. 신부들의 이러한 노고에 가톨릭 신자들, 비신자들 모두가 찬탄하고 있습니다. 장교들도 어떻게 견뎌 내느냐고 합니다. 이런 일들은 진실한 삶을 사는 데, 또한 비가톨릭 교인들을 우리의 신앙으로 이끄는 데 도움이 될 것입니다.

지금 병사들은 눈 쌓인 산에서 훈련을 받고 있습니다. 외투를 입고 있는데도 온몸이 떨리는 추위입니다. 저도 생전 처음 오뉴월에 털 속옷을 입었습니다.

《앞날의 기록》은 정기적으로 옵니다. 교구의 여러 가지 재미있는 기사를 읽는 것이 저에게는 기쁨입니다. 그곳 신부님들께서 보람 있는 피정을 하시기를 바랍니다. 저희도 매달 하루씩 피정을 하는데, 정말 사막의 오아시스같이 느껴집니다.

1950년 6월 5일.

그리운 아버님과 어머님께!

이곳은 우기가 시작되어 많은 비가 내리고 있습니다. 벌써 사흘이나 해를 못 봤습니다. 캔자스에 있을 때 추수기에 비가 와 물을 막던 생각이 납니다. 일본 사람들은 손으로 곡식을 거둬들입니다. 한 손으로 보리를 잡고 다른 손으로 조그마한 낫을 들고 자른 뒤 조금씩 모아 땅에 놓습니다. 일하는 품이 깨끗하고 이삭도 상하지 않습니다. 땅에서 말린 다음 집으로 거둬들여 바람 방아 같은 조그마한 기계에 걸어서 이삭을 다 훑어

냅니다.

지금 이곳은 벼 심기에 한창입니다. 이것도 손으로 조금씩 집어 진흙에 심습니다. 줄을 맞추기 위해 오라기를 쓰고 처음에는 모판에 심었다가 나중에 논에 옮겨 심습니다.

일본 사람들은 누에를 치기 위해서 뽕을 땁니다. 누에가 뽕잎을 먹고 고치를 짜면 부인네들이 고치에서 실을 뽑아 비단을 짭니다. 정말 힘이 드는 일입니다. 나중에 진짜 일본 명주를 보내 드리겠습니다.

1950년 6월 21일.

그리운 고라시 신부님께!

오늘 유럽에서 돌아오셨다는 소식을 들었습니다. 지난번 로마에서 보내 주신 고마운 편지는 성년聖年의 기념으로 언제나 간직하고 있겠습니다.

캐럴 주교님께서 수술을 하셨다니 걱정됩니다. 틀림없이 빠른 시일 안에 회복되시리라고 믿습니다. 주교님께서 이미 많은 일들을 하셨듯 앞으로도 기운차게 많은 일들을 하실 것입니다.

어머니 편지를 보니 필센에 새로 짓는 수녀원이 잘되어 가고 있다는데, 많이 기쁘시겠습니다. 앞으로 제가 일본에서 보고 들은 것을 많이 써 보내 드리려고 합니다. 이곳은 정말 좋은 곳입니다. 이런 말까지는 하지 않는 것이 좋을 듯도 합니다만……

1950년 6월 21일, 카폰 신부는 은퇴한 스크레나 주교에게 보헤미아어로 다음과 같은 편지를 보냈다.

너무 오래 소식을 듣지 못해 궁금합니다. 건강하시고 만사무고하시기를 바랍니다. 저희는 막사를 옮겨 한창 꾸미는 중입니다. 도쿄에서 약 40마일 떨어진 곳에 있는데, 병사들은 지금 훈련을 받고 있습니다. 약 2주 전에 체코어 시험이 있었는데 예상외로 잘 보았습니다. 나중에 유럽 군대의 군목으로 갈 날도 있을 것 같습니다.

1950년 7월 1일.
존경하올 주교님! 본토에 계신 여러분들이 6·25 전쟁을 어떻게 생각하고 계신지 알고 싶습니다. 이번에는 진주만 때와는 다릅니다. 철저한 대비가 있을 것입니다. 지난 주일에 여러 가지 일들이 야단스럽게 발생했는데, 아마 싸움이 커질 것 같습니다. 그렇게 되면 병사들이 곧 한국으로 갈 것이고 따라서 저도 한국에 갈 것입니다. 이러한 상황에서 우리가 수수방관하는 것은 어리석은 노릇입니다.

1950년 7월 3일.

그리운 아버님과 어머님께!

이번 갑작스러운 전쟁에 대해서 어떤 소식을 들으셨는지 모르겠습니다만 저희는 현재 모든 계획을 세워 놓고 만반의 준비를 하고 있습니다. 이번에는 소련이 크게 당하게 될 것입니다. 일본 사람들은 소련도 나서면 어쩌나 하고 걱정하고 있습니다. 그러나 그들도 우리가 허세를 부리는 소련인을 잘 막아 주리라는 것을 알 것입니다. 소련이 이렇게 빨리 6·25 전쟁에 끼어들다니 놀랍습니다. 그러나 저희도 곧 진격할 것입니다. 이제 모든 준비가 끝났습니다. 일부 병사들은 이미 전장으로 떠났고 모든 부대들도 언제든지 행동을 개시할 수 있는 상태입니다. 저는 맥아더 장군이 하는 일을 믿고 있습니다. 장군은 일본에서 좋은 군정을 했을 뿐 아니라 전쟁에도 철저히 대비하고 있었으니까요.

저에 대해서는 염려 마세요. 잘 지내고 있습니다. 오히려 이곳이 더 차분한 분위기입니다. 지금 전투는 600마일 떨어진 곳에서 벌어지고 있지만 여기서는 도무지 전쟁을 하고 있다고 느껴지지가 않습니다.

그 후 일주일도 못 되어 카폰 신부의 소속 부대는 전선으로 향하게 되었고 따라서 카폰 신부와 병사들은 한국을 향해 길을 떠나게 되었다.

제10장

전투 전날

1950년 7월 10일.

티나 아주머님께.

넓은 바다 한가운데 대선단의 엘에스티LST 함정 위에서 저는 이 편지를 쓰고 있습니다. 잠수함 두 척이 우리를 호위하는 가운데 해병대가 함께 행동할 채비를 하고 있습니다. 우리의 한국 상륙 작전에 따라 해군이 해안 지대를 포격할 것이고 공군 또한 하늘에서 폭격을 가할 것입니다. 대규모의 공격이 이루어지는 이번 작전에서 제 부대는 작전의 중심에 위치하고 있습니다. 바다를 달리는 함정엔 병사들과 각종 장비들로 가득합니다. 저희는 적군의 상당한 저항을 예측하고 있습니다. 그러나 저희의 군사 훈련은 잘되어 있습니다. 이렇게 호위를 받으며 모든 장비들로 준비하고 있지만 전쟁을 하러 간다는 실감이 나지 않습니다. 우리는 분명 적들이 꼼짝 못 할 만큼 강할 것입니다.

1950년 7월 11일.
캐럴 주교님께.
내일 전투가 있을 것입니다. 저는 미사 예물과 유서 등 모든 것을 잘 정리해 두었습니다. 신자들이 군종 신부를 둘러싸고 모이는 모습은 정말 본받을 만합니다.

1950년 8월 7일.
캔자스주 팀켄 시푸렛 슈가트 부부에게.
7월 26일에 보내 주신 편지는 잘 받아 보았습니다. 죽음의 고비를 뚫고 온 뒤라 아직 손이 많이 떨립니다. 이 종이는 어떤 한국 사람의 집에서 발견했습니다. 저는 이 나라 사람들을 동정합니다. 그들은 등에 질 수 있는 만큼만 짐을 꾸려 도망 다니고 있습니다. 게다가 공산군이 너무나 우세한 상황입니다. 지원군이 오기 전까지 저희는 적의 공세에 내내 밀렸습니다. 이제 지원군과 함께 적을 충분히 물리칠 수 있을 것입니다. 저는 8일

동안 전선에 있었습니다. 중기관총과 박격포와 탱크의 사격이 오가는 가운데 세 번이나 죽을 고비를 넘겼습니다. 그제 밤에야 비로소 지붕 밑에서 잘 수 있었습니다. 딱딱한 마루의 느낌이 좋았습니다. 이 편지가 그곳에 도착할 무렵에는 전쟁이 끝나기를 바랍니다.

저를 위해 기도해 주시고 밤새도록 초를 밝혀 주셔서 대단히 감사합니다. 주님의 은총이 많았던 저에 비해 불행한 친구들도 있었습니다. 저희는 무서운 일들을 그저 견뎌 낼 뿐이랍니다.

1950년 8월 8일.

존 아저씨와 티나 아주머님께(캔자스주 링컨 존 메이어 부부).

보내 주신 편지 잘 받았습니다. 답장을 써 놓았습니다만 공산군에게 밀려다니느라 부치지 못했습니다. 지금 저희는 최전방에 있습니다. 이 전투는 제가 경험한 것 중에서도 가장 불리하고 치열합니다. 공산군에게 세 번이나 압도당하여 후퇴해야 했습니다. 적은 우리 병력의 열다섯 배로 우리를 압박하고 있습니다. 그러나 이것을 이겨 내야 하겠지요. 침대 위에서 잘 수 있다면 얼마나 좋겠습니까. 참호 구덩이는 그저 적의 포탄이 떨어져 터질 때 간신히 견딜 수 있는 곳일 뿐입니다.

1950년 8월 11일.

엘시와 여러 벗들에게(미주리주 세인트조지프 크라프톤 씨 일가).

한국 사람 집을 뒤져서 이 종이와 잉크를 찾아냈습니다. 지난번 편지에서 텔레비전으로 6·25 전쟁의 상황을 보셨다고 하신 것에 정말 놀랐습니다. 전선에는 물론 텔레비전이 없습니다. 보도 기자와 사진 기자가 와 있는 것을 가끔 보기도 합니다. 군대용 라디오도 있지만 먼 데에서 청취하지는 못합니다.

따뜻한 음식을 먹었으면 좋겠습니다. 따뜻한 음식을 먹어 본 지도 오래되었습니다. 항상 구덩이 속에서 전투 식량만 먹고 있습니다. 참호 안에 앉아 있는 지금도 머리 위로 포탄이 날아다닙니다. 이 판에 잠을 이루는 것은 불가능합니다. 모기가 너무 많은 데다가 심야를 틈타 침공하는 적에 대비하여 항상 밤을 새워야 합니다. 이런 상황에 잠깐 틈을 얻어 딱딱한 땅 위에서 자는 것이 큰 기쁨이 됩니다.

무더운 날씨입니다. 옷은 종일 땀을 짜낼 정도이고 어떤 친구는 일사병으로 죽을 뻔하기도 했습니다. 이 와중에 소지품을 적에게 다 뺏기고 죽을 고비를 세 번이나 가까스로 넘겼습니다. 사방에서 날아오는 총탄 속을 지나오다 한번은 탱크에서 발사된 80밀리 포탄이 머리 바로 위를 스쳐 지나더니만 그만 제

철모를 날려 버렸습니다. 분명 여러분들의 기도가 저를 살린 겁니다. 두 다리가 없어진 전우도 있었고 머리가 날아가 버린 전우도 있습니다. 그는 자기가 무엇에 맞았는지도 알 길이 없겠지요. 이 전쟁은 어쩐지 신경을 자극합니다. 많은 전우들이 이를 이기지 못해 미

1950년에 한국에서 쓰는 편지

쳐 마구 소리를 질러 댑니다. 꿈만 같습니다. 이렇게 무서운 시간을 이기고 살아 나갈 수 있을지 의심스럽습니다. 하늘나라에 가까이 있는데도 정작 지옥에 있는 느낌입니다.

1950년 8월 12일.

친애하는 캐럴 주교님께.

이 투박한 종이를 용서하십시오. 종이와 잉크는 어제 빈 집에서 발견한 것들입니다.

7월에 주신 주교님의 편지를 받았습니다. 주교님께서 저를 친절히 기억하시고 기도해 주신 데 대하여 참으로 감사드립니다. 이처럼 다른 분들의 기도가 분명 저를 오늘까지 구해 주셨

지프차에 제기를 놓고 미사 드리는 카폰 신부

을 것입니다. 세 번이나 적의 손안에 들어갔다가 간신히 목숨을 건졌습니다. 몸에 지녔던 것 외의 모든 물건들을 잃어버렸습니다. 지프차도, 제 비품을 실은 트레일러도 잃었습니다. 제 보좌관은 관통상을 입고 입원하고 말았습니다. 제가 있는 곳에서 봉사하던 개신교 목사는 박격포탄에 맞아 한쪽 다리가 절단되었습니다. 멀쩡한 몸으로 빠져나온 사람은 저뿐입니다.

얼마 전 다시 미사 제구를 얻었습니다. 사정이 허락되는 대로 미사를 올리겠습니다. 올리지 못한 날에도 약 200명이 모였었습니다만, 대개 300명에서 400명이 모여 고해성사와 영성체를 했습니다. 병자성사는 여러 번 주었습니다. 제 곁에 모인 가톨릭 병사들은 대개 신앙이 돈독합니다. 저는 성유와 성체를 항상 몸에 지니고 다닙니다. 방금 전에 전투에 나가는 두 청년에게 세례를 주었고 일고여덟 명에게 고해성사를 주고 성체를 영해 주었습니다.

지난 두 주간은 끊임없이 전투를 했습니다. 특히 더위로 애를 먹었고 일사병에 신음하는 가운데 산을 기어오르기도 하였습니다. 저는 아직 최전방에 있습니다. 붉은 적은 요 며칠 공격이 뜸합니다. 그래서 저희는 고대하던 휴식을 조금이나마 취하게 되었습니다. 적은 수천 명을 잃었지만 아군의 열다섯 배에 달하는 병력이라고 합니다. 이제 우리도 상당한 병력을 증원받았으니 적을 혼내 주어야 할 텐데요.

전쟁은 참 무섭습니다. 가정을 버려야 하는 한국 사람들이 참 슬프게 여겨집니다. 붉은 공산군이 다가오면 집, 생활, 식량 할 것 없이 모든 것이 파괴됩니다. 그들이 추수 때에 집으로 돌아올 수 있다면, 그리하여 겨울 식량을 준비할 수 있다면 얼마나 좋을까요.

편지 검열은 없습니다. 하지만 편지에 병력의 비교 외에 어떤 중대한 이야기도 적지 않았습니다. 이러한 이야기는 이미 신문에 났겠지요. 우편물은 잘 도착하는 편입니다. 병사들이 꼭 필요로 할 때 같이 있어 주는 것이 제게 큰 기쁨이 됩니다. 옷을 갈아입을 틈이 없어 군복이 피투성이입니다. 새로 얻은 옷에는 피가 묻지 않기를 바랄 뿐입니다.

1950년 8월 31일.

친애하는 대주교님과 주교님께.

8월 내내 저희 부대는 휴식도 없이 계속적인 긴장 상태로 전선에 있었습니다. 저희 연대는 전사 40명, 행방불명 43명이라고 합니다. 공산군은 포로를 죽인다고 하니 행방불명자들도 분명 죽었으리라는 생각이 듭니다. 이 이야기는 혼자만 알아 두십시오.

8월 보고를 드립니다. 미사 열두 차례에 246명 참례, 평일 미사 열다섯 차례에 118명 참례, 묵주 기도 열세 차례에 56명 참여, 영성체한 사람 176명, 병자성사 2명입니다. 요즘 아무런 정보도 받지 못하고 있습니다만 집 소식을 늘 궁금해하는 병사들에게 편지가 잘 오는 것은 신통합니다.

1950년 8월 31일.

사랑하는 아버지 어머니! 편지지와 봉투를 보내 주셔서 감사합니다. 이곳에서는 이런 것들을 구하기가 많이 어렵습니다. 지난주엔 소식을 드릴 틈이 없었습니다. 이리저리 이동하느라 분주했습니다. 내내 최전선에 있었습니다만 적은 그리 시끄럽게 굴지 않습니다. 포로들은 적이 아군의 다른 부대를 공격하고 있다고 말합니다.

유진이 보내 준 사진들을 다시 보냅니다. 금방 그 사진들을 못 쓰게 만들어 버릴 것 같아서입니다. 비에 흠뻑 젖어 버릴지도 모르고

카폰 신부가 보낸 한국 국기

요. 어느 학교에서 주운, 종이로 만든 한국 국기도 보냅니다. 이건 아마 아이들이 만든 것이겠지요.

지금 논바닥에서 편지를 쓰고 있습니다. 비행기가 날아다니고 아군의 대포가 불을 뿜고 있습니다. 그럴 때마다 온몸이 들썩거립니다.

편지를 많이 받고 있는데 일일이 답장을 쓸 수 있을지 모르겠습니다. 그곳에서는 이 전쟁에 사뭇 흥분하고 계실 테지요. 본국에서 갓 온 신병들이 전선에 합세하는 것을 보니 이상한 느낌이 듭니다. 불과 열흘 전에 미국을 떠나온 그들의 군복은 좋고 깨끗한데 저희 것은 너무 더럽고, 게다가 면도 도구도, 장소도, 시간도 없어서 지저분하기까지 하니……. 치열한 전투 끝에 적의 포위망을 뚫고 나와야 하다 보니 자연스럽게 많은 물건을 버렸습니다. 그러나 아직까지 공산군이 우리를 덮칠 정도는 못 됩니다. 이제부터는 우리가 미국, 영국, 필리핀, 오스트레일리아

등에서 병력 증원을 받아 적을 무찌를 차례입니다.

　해병대 때문에 웃을 일도 있었습니다. 그들은 아주 자랑스럽게 전선에 와서는 (우리도 그들이 온 것이 기뻤습니다) 용감하게 진격해 나아가 적을 한바탕 혼내는 것 같더니만 결국 저희 부대와 같은 타격을 받고 포위당하고 말았습니다. 그들도 적이 거세다는 것을 알았지요. 제 걱정은 하지 마세요. 부모님의 건강을 빌겠습니다.

　1950년 9월 25일.

　사랑하는 앨버트, 포린과 여러분, 부대 이동 중 이 황폐한 마을에서 몇 시간 동안 머물게 되었습니다. 종이를 구해 몇 자 적어 봅니다. 전쟁은 정말 많은 것을 파괴합니다. 이 마을만 봐도 그렇습니다. (잉크가 떨어져서 연필로 써야 되겠습니다) 중포重砲와 폭탄이 닥치는 대로 부숴 버립니다. 다리가 날아가고 도로가 끊기고 적병은 민가를 뒤져 탐나는 것들을 모두 가져갔습니다. 물론 나머지도 정신 사납도록 뒤집어엎어 버렸습니다.

　우리는 공산군을 격퇴시켰습니다. 길과 들, 내, 언덕에서 그들의 나뒹굴어진 시체를 볼 수 있었습니다. 총과 탄약을 버리고 갈 정도로 그들은 정신없이 도망쳤습니다. 부대가 진격하게 되자 병사들은 매우 기뻐했습니다. 후퇴할 때엔 좀 고생스러웠지만 이제 전모가 달라졌지요.

    이 종이를 용서하세요. 다 무너진 집에서 주운 종이인데 한국 글자가 재미있을 것입니다. 잉크도 한 병 주워 그것으로 쓰고 있습니다. 전쟁에서는 아무거나 닥치는 대로 사용하게 되니까요. 병사들 중에는 독일에서 싸운 사람도 있고 태평양에서 싸웠다는 사람들도 있는데 그들 모두 6·25 전쟁에서 제일 고전을 겪고 있다고 합니다.

    기도해 주신 여러분께 감사드립니다. 저보다 이곳 병사들이 기도를 더 필요로 할 것입니다. 왜냐하면 저는 지금까지 총에 맞지는 않았으니까요. 우리 모두 총알이 머리 위를 날아다니는 위험한 곳에 있습니다. 병사들은 몹시 긴장한 모습입니다. 그렇지만 포탄이 바로 옆에서 터질 때는 꼭 기도를 올립니다. 참 심각하지요(한국 산전에서).

1950년 10월 2일.

    친애하는 티나 아주머니! 열흘 동안 우편물이 오지 않았습니다. 이틀간 식량도 없었습니다. 물이라고는 고작 비옷에 받아 놓은 빗물뿐입니다. 우리는 지금 도망친 공산군들을 추격하기에 바쁩니다. 이 편지가 도착할 즈음에는 전쟁이 끝날지도 모릅니다(한국 안성에서).

1950년 10월 2일.

친애하는 대주교님, 주교님! 지난달 보내 주신 편지 대단히 고맙습니다. 사실은, 부대가 공산군에 포위되어 있는 동안 아무 편지도 받을 수 없었습니다. 말하자면 네 번째로 포화에 포위되었는데 이번엔 의지할 참호도 없었습니다. 주위에서 그 지독한 포탄이 터지는 것을 보고 그저 떨면서 적이 가까이 오지 않기만을 빌었습니다. 파편에 맞거나 곁에서 의식이 없어지는 전우를 위하여 살려 달라고 외칩니다. 이런 일은 차마 눈으로 볼 수가 없습니다.

저희 부대는 공산군의 전선을 격파하고 1마일가량 전진하였습니다. 이제 전쟁이 끝나는 것일까요. 이렇게 무서운 접전을 펼치는 동안 군인들의 정신력이 점점 강해지는 것을 보고 저는 감격하였습니다. 전사한 사람들 모두 자비로운 주님을 찾기를 바랍니다. 주교님께 그리고 한국에 있는 저희를 위하여 하느님께 기도해 주시는 여러분께 감사드리고 싶습니다. 저희의 노력이라기보다 무엇인가가 저희를 구원해 주는 이유는 그만큼 삶이 덧없는 것임을 저희가 알고 있기 때문이 아닐까 합니다. 부디 묵주 기도 성월인 이달만은 저희 모두 성모님의 은혜를 받을 수 있기를 빌겠습니다.

1950년 10월 4일.

친애하는 대주교님, 주교님. 부대가 다음 행동을 개시할 때까지 두 시간의 여유가 생겨 편지를 씁니다.

지난 수요일 오후 안성에 진입하여 읍을 완전히 격습하였습니다. 공산군은 우리를 전혀 예측하지 못했지요. 지프차가 군청으로 밀려들자 공산군은 창문으로 뛰어내리고 이곳저곳으로 도망치느라 야단이었습니다. 경찰서에서 막 점심을 먹으려 하던 적들이 밥그릇에 손도 못 대고 당황한 모습으로 달아나기도 했습니다. 도망치다 몇몇 적들은 사살되었고 몇몇은 부상을 당했습니다. 공공건물 정문마다 스탈린과 한국 공산당 지도자의 사진이 걸려 있었습니다. 미국은 야만적이라든가 이 모든 일이 미군의 만행이라는 등의 허위 선전 포스터도 붙어 있었습니다. 어느 포로가 통역을 통해 하는 말이, 잡히면 코와 귀를 잘리는 줄 알았다고 합니다. 소련은 이런 식으로 선전하였던 것입니다.

교전이 끝나고 난 뒤 저는 읍내를 둘러보았습니다. 십자 표시를 한 병원 건물을 보고 안에 들어갔더니 간호원 두 명과 의사 한 명이 있었습니다. 서로 말이 통하지 않아 저는 철모의 십자를 가리키며 가톨릭 신부라는 것을 알려 주었습니다. 그러고 나서 가슴에 성호를 그었더니 그들은 기적 패와 묵주를 보여 주었습니다. 이어서 꺼낸 영대에 그들은 경건하게 입술을 갖다 댔습니다. 제가 성직자임을 알고는 그들은 북쪽을 가리키며 성당이 있는 곳을 알려 주려고 했습니다.

간호원들이 통역을 통해 교회로 안내해 주었고 우리는 벽이 흙으로 된 집 사이의 좁은 골목을 빠져나와 마침내 성당에 도착하였습니다. 제단은 멀쩡하였습니다만 성화, 성상, 십자고상은 모두 파괴되어 있었습니다. 이 사람들에게 제가 바로 가톨릭 신부라고 통역을 거쳐 말했더니 모두 머리를 깊이 숙이고 그 유명한 동양식 절(머리가 거의 땅에 닿을 것 같은)을 하였습니다.

목요일 아침 9시가 되어 이제는 깨끗해지고 거룩한 건물이 된 성당에 사람들이 모였습니다. 공산군은 사람들이 성당에 오지 못하게 하였지만 자신들이 이 건물을 쓰느라 성당을 파괴하지는 않았습니다. 공산군은 자신들이 주님을 믿지 않는다는 이유로 다른 사람들 또한 주님을 공경하지 못하게 하였습니다. 신자들의 말이 7월 5일에 한국인 신부님 두 분, 수녀님 세 분과 헤어졌다기에, 그분들이 어디 갔느냐고 물었더니 모른다고 했습니다. 신부님들이 산으로 피신한 것만 어렴풋이 알고 있었습니다. 목요일 미사는 대단히 엄숙하게 거행되었습니다. 그럴 수밖에 없는 것이, 그들은 미국 군인 신부가 미사 드리는 것을 처음 보았고 또 하느님을 부인하는 공산군이 침범한 후 처음으로 자신들의 성당에서 미사를 드리는 것이니까요.

한국 소년이 복사를 섰는데 라틴어를 잘했습니다. 미사를 준비할 때 사람들과 말이 통하지 않으니 어쩌나 하고 걱정을 했으나 다행히 미사 때는 우리에게 공통된 언어가 있었습니다. 그들도 저와 같은 느낌이었으리라고 짐작합니다. 병사들도 미사에 참례했고 성체도 영하였습니다. 그들도 미국인이 교회 문을 닫아 버린 공산군과 전혀 다르다는 것을 쉽게 알았을 것입니다.

신자들에게 성가대가 있었습니다. 저는 주일에 병사들의 미사를 위하여 산에 가야 했으므로 이 신자들의 미사는 사단 포병대의 마가이어 신부에게 부탁해 놓았습니다. 마가이어 신부가 후에 저에게 말하기를 자기 군종 신부 생활에서 가장 인상 깊은 미사였다고 전했습니다. 그날 성당은 성가대의 아름다운 성가와 함께 한국 신자들과 미국인들로 꽉 들어찼다고 합니다. 그날 미사에서 군인들이 모은 돈이 한국 돈으로 6만 환(미화 약

30달러)이었습니다. 그런데 재미있었던 것은 헌병대가 성당 옆에 포로수용소를 만든 것입니다. 미사가 진행되고 성가대의 합창이 흘러나올 때, 그 옆에는 공산군 포로 약 300명이 수용되어 있었습니다. 하느님을 믿지 못하게 하려던 그들은 이제 바로 옆에서 자유의 몸이 된 사람들이 자유롭게 하느님을 경배하는 것을 들어야 했습니다. 이자들은 너그러운 국민에게 잡힌 것을 감사해야 할 것입니다. 우리가 포로였을 때 공산군이 저지른 일을 생각해 보면…….

안성의 신자들은 저를 보고 '이제야 신부님을 다시 모시게 되었다'고 좋아했습니다. 하지만 저는 곧 이동해야 하므로 한곳에 오래 있을 수는 없다고 말했습니다. 그것이 군종 신부의 처지니까요. 죽음과 직면했을 때는 그야말로 고난의 날이었는데 안성에서처럼 즐겁고 사랑스러운 날도 있으니 하느님께 감사드릴 뿐입니다. (잉크가 떨어져서 연필로 계속하겠습니다.) 주교님과 교구의 여러분께 하느님의 축복이 있으시기를 빕니다.

1950년 10월 12일.

사랑하는 아버지 어머니께.

늘 같은 소식입니다. 저희는 아직 건강하게 살아 있습니다.

전쟁이 어서 끝나기만 바라고 있습니다. 공산군은 후퇴 중인데 가끔 골탕을 먹입니다. 저희는 지금 서울의 서북쪽인 38선 위에 있는데 지도에서 이곳을 찾아내실 수 있을 것입니다.

보내 주신 봉투와 종이가 마침 도착하였습니다. 아버지 생신은 잘 보내셨겠지요. 지난 9월 28일 수녀원 축성식 또한 자못 성대했으리라고 짐작됩니다. 제 편지를 캐럴 주교님께서 신문과 《레코드 리뷰》지에 실었다고 들었습니다. 이제부터는 신중하게 써야 되겠습니다.

저희 군인들은 본국에 계신 여러분들의 기도와 미사를 매우 고맙게 생각하고 있습니다. 고라시 신부님의 편지를 보니 저를 위한 미사에 많은 사람들이 참석했고 성가대도 전원 참석하여 대미사를 이루었다고요. 분명히 많은 이들이 저희를 위하여 기도를 드리고 계시리라 생각합니다. 저는 겨우 제 담배 파이프 하나 부러진 정도입니다. 하지만 사실 그제 기관총 사격을 받던 중에 재빨리 개울가로 몸을 피해 이렇게 지내는 것이랍니다. 하느님께서 항상 저희를 축복해 주시기를, 또 여기 있는 모든 이들의 건강을 살펴 주시기를 빕니다(한국 개성에서).

6·25 전쟁 전체에서 볼 때 매우 사소한 일이지만, 전투의 피

해에 포함시킬 만큼 카폰 신부의 파이프는 그와는 뗄 수 없는 벗이었다. 적의 총알이 파이프를 명중했을 때 그는 잠시 담배를 단념해야 했다. 하지만 나중엔 대나무로 물부리를 만들어 담배를 계속 피웠는데 후에 어느 전투에서 그 물부리도 그만 입에 물린 채로 총에 맞아 부러지고 말았다.

1950년 10월 16일에 카폰 신부는 다음과 같은 편지와 소포를 캐릴 주교에게 보냈다.

이것은 공산당이 성한 곳에서 수집한 것입니다. 그곳 어느 학교에서 혹시 호기심으로 갖겠다고 할지 몰라 보냅니다. 저는 하느님의 은혜로 아직 이렇게 살아 있습니다.

이것이 카폰 신부가 보낸 마지막 편지다. 소포의 내용물은 북한 공산당 총사령관 김일성을 거친 캔버스에 그린 것, 스탈린, 트로츠키, 그 밖의 소련 혁명가들에게 둘러싸인 레닌을 스케치한 것, 항구를 바라보는 스탈린의 전신을 그린 것, 한국 지폐 몇 장, 울긋불긋한 포스터 몇 장과 중앙에 붉은 별을 크게 그린 완장, 북한 공산군 병사의 선서문이었다.

제11장

저항 없는 포로

 카폰 신부가 포로가 되었다는 소식과 그의 훌륭한 죽음은 귀환병들의 판문점 포로 교환이 시작된 후 알려졌다. 카폰 신부는 전장에서 그리고 수용소에서 그를 아는 사람들 간에 항상 화제가 되었다. 그는 병사들의 영웅이자 그들의 찬양과 경의를 받는 신부였다. 모두가 그의 용감함과 인내, 사랑, 친절 그리고 함께 포로가 된 전우에 대한 우애를 칭송했다.

 AP통신의 어느 기자는 미국으로 다음과 같은 기사를 보냈다. 이 이야기엔 단순하고도 명료한, 포로들의 꾸밈없는 표현이 담겨 있다.

우리는 카폰 신부의 겸손을 기억합니다. 그에게 불가능이란 없어 보였습니다. 그는 항상 그가 해내야 하는 일에 대해서 낙담하는 일이 없었습니다. 그의 쾌활한 성품은 자신의 경건함과 신앙을 반영한 것인 듯했습니다. 그 누구도 그가 교육을 많이 받아서 그렇다고 생각하지 않았습니다.

제1사단이 전투 중일 때 우리가 이번 일을 잘해 낼 수 있을지 아무도 확신하지 못했습니다. 그 와중에도 끊임없이 활동하는 카폰 신부에게 모두 감탄했습니다. 그는 괴로워하던 제8군 병사들을 위하여 미사를 드렸습니다. 그의 제기가 포화에 완전히 파괴되는 바람에 우리는 일본에서 도착한 새로운 제기를 드렸습니다. 그러나 며칠 후 이 제기마저 유탄에 희생되었습니다. 새리 신부는 한국인 신부에게서 제기를 구해다가 휴대용 타자기 상자 위에 제단을 차렸습니다. 그러나 카폰 신부는 지프차 안에 제기를 두면 날아오는 총탄에 안전하지 못하다는 생각에서 제기를 군복 겉저고리에 넣고 다녔습니다.

1950년 10월, 운전병이 죽자 카폰 신부는 직접 부상병을 실은 차를 몰고 포화가 쏟아지는 길을 달려 부상병들을 안전한 곳으로 옮겨 놓았습니다. 이 일도 그를 8군의 화제로 만들었습니다. 이 무렵에는 시설이 보급되기 바쁘게 소모되었는데, 카폰 신부는 자기 지프차가 파괴되자 자전거를 빌려 타고 다녔습니다. 한번은 그의 담배 파이프가 총에 맞았습니다. 그러나 다음에 그를 만났을 때는 군의관에게서 얻은 테이프로 고쳐 놓은 파이프를 다시 입에 물고 있더군요.

부러진 파이프를 들고 있는 카폰 신부

공산군이 침략해 오자 카폰 신부는 클라렌스 L. 앤더슨 군의관을 도와 다시 일선으로 갔고 그곳에서 포로가 되었습니다. 우리는 거의 3주 동안, 도망쳐 온 병사들과 군의관에게서 이야기를 들었습니다. 공산군이 들어왔을 무렵 날씨가 몹시 추웠습니다. 당시 마지막 보고에서 그의 다리가 많이 얼었다는 소식을 보게 되었습니다. 그런 상태에서도 그는 부상병들을 돌보아 주고 있었다고 합니다. 그의 연대에서는 카폰 신부에게 십자 훈장으로 2위의 것을 주기로 추천하였습니다. 그가 이 명예를 받았든 안 받았든 그를 아는 모든 사람은 카폰 신부님이 선교 사업에 뛰어난 사람이라고 입을 모았습니다.

피터 V. 부자티는 자진하여 일기를 써 보냈다. 그는 아주 감동적이고 진실한 내용이 담긴 자신의 일기의 제목을 '나의 군종 신부는 성인이었다'라고 붙였다.

나의 군종 신부는 성인이었다

1950년 11월 1일 밤 저는 어느 군종 신부를 만났습니다. 제1사단 제8연대는 한국 운산에서 중공군을 만나 포위당하였습니다. 그날 밤 온갖 지옥의 상황이 벌어졌습니다. 죽음의 순간이 우리에게 다가오고 있었습니다. 기관총의 포화는 사방에서 날아들었고 사람들은 여기저기서 뛰어들며 울부짖었습니다. 그 광경을 자세히 묘사한다는 것조차 너무나 힘든, 대학살이었습니다. 함께 있던 모든 부대원들이 전사하거나 포로가 되었습니다. 저는 총소리가 가장 요란하게 들리는 곳을 향하여 골짜기를 건너가 적을 찾아보았습니다. 마침내 저는 아군의 중화기 거점에서 약간 떨어진 곳에 이르렀습니다. 잠시 큰 구덩이 안에 숨어 있다가 기어 나오려는데 누군가가 구덩이로 달려들었습니다. 이것이 카폰 신부와 저의 첫 대면이었습니다.

그는 제 이름을 묻더니 상처는 없냐고 하였습니다. 저는 다리가 말을 안 듣고 등이 쑤신다고 하였습니다. 알고 보니 등의 상처가 다시 도진 것이었습니다. 그는 제 속옷을 들추고는 물약을 발라 주었습니다. 가톨릭 군목이냐고 물었더니 그렇다고 하였습니다. 마침내 저는 그곳에서 고해성사를 볼 수 있었습니다. 그리고 제게 아군 진지에서 50야드 정도 떨어져 있으니 빨리 그쪽으로 되돌아가라고 했습니다. 잠시 후에 저는 진지를 향해 달려가 높게 쌓인 모래주머니를 넘어 들어갔습니다.

야전 장교 메이요 중위가 이때 경계선 한가운데 서서 진지를 지키는 병사에게 외치고 있었습니다. 이것이 결국 마지막 방어전이었습니다. 싸움이 벌어지고 있을 때 누군가가 "저기 군종 신부가 있다!" 하고 소리를 질렀습니다. 그쪽을 보니 적군 몇 명이 군종 신부를 끌고 달아나고 있었습니다. 메이요 중위는 적을 쏘라고 명령했고 적이 총에 맞자 군종 신부는 몸을 피할 수 있었습니다. 그러나 그는 그 자리에서 주위에 쓰러져 있는 병사들에게 마지막 성체를 영해 주고 또 부상당한 사람들을 치료해 주었습니다. 방어전을 능숙히 지휘하던 메이요 중위는 세 명의 병사와 저를 뽑아 도랑 안에 중기관총을 설치하는 적군을 습격하라고 명령했습니다. 저는 소리 지르며 돌격하여 놈들을 처치했다는 것만을 기억합니다. 진지로 돌아온 것은 저와 다른 한 명이었고 두 전우는 전사하였습니다. 바로 그때 갑자기 가슴이 덜컥하더니 그만 의식을 잃고 말았습니다. 다음 날에야 비로소 제가 다른 부상병들과 함께 큰 구덩이 안에 있다는 것을 알았습니다. 알고 보니 군종 신부가 저를 이 구덩이 속으로 밀어 넣었던 것입니다.

그날 밤 우리는 포로가 되었습니다. 곁에 있던 친구는 브루클린 출신의 존 팔머와 군의관 앤더슨 대위였는데 이 사람들 역시 부상자를 치료하는 등 많은 일을 했습니다. 카폰 신부가 두 번째로 포로가 되었는데 그 경위는 잘 모릅니다. 며칠 뒤 포로수용소로 가는 길에 신부님을 만났습니다. 걷기 힘들어하는 신부님을 몇몇 전우들이 부축했습니다. 그때 신부님의 발은 동상에 걸려 있었습니다.

벽동에 도착하여 신부님을 두 번째로 만났습니다(결국 이것이 마지막 상봉이 되고 말았던 것이지요. 저는 평생 그분을 절대로 잊지 못할 것입니다). 아침 8시쯤이었습니다. 판잣집 문 밖에 서 있는데 카폰 신부님이 제 쪽으로 걸어오면서 "피터, 좀 어때?"라고 하셨습니다. 놀랍게도 제 이름을 기억하고 있었던 것입니다. 이어서 이제는 너무 걱정하지 않아도 된다고 하셨습니다. 제가 왜 걱정할 것 없느냐고 묻자 "아마 곧 돌아가게 될 것이니까."라고 하셨습니다. 저는 도무지 미덥지 않아 웃으며 이렇게 대꾸하였습니다.

"그렇습니다. 신부님께서 가까이 계시니 두렵지 않습니다. 만일 제가 죽는다 해도 하늘나라로 인도받을 수 있으니까요."

신부님은 제 어깨를 어루만지며 좋은 태도라고 하면서 집에 돌아가더라도 지금 마음을 간직해 달라고 부탁했습니다. 다른 전우들이 모여드는 바람에 신부님과의 이야기는 중단되었습니다. 저는 실로 엄청나 보였던 신부님의 말씀이 실제로 이루어지기를 하느님께 빌었습니다.

그 후 몇 주일이 지났습니다. 1950년 추수감사절 이틀 전 새벽 2시쯤 우리는 잠을 이루려고 서로 붙어 있었습니다. 추위 때문에 잠을 이루기가 매우 힘들었습니다. 그때 우리에게 정말 이상한 일이 일어났습니다. 갑자기 우리 쪽으로 불이 비치더니 감시병이 손에 쥔 종이를 들여다보며 제 이름을 부르는 것이었습니다. 군화를 신는 동안 온갖 생각이 머리를 스쳤습니다. 놈들이 나를 총살할 셈인가, 하는 생각이 들자 곧 신부님이 한 말이 떠오르며 겁이 나기도 하고 기쁘기도 하였습니다. 그러면서도 혹시 저를 죽이지 않을 경우를 생각하여 친구들의 이름을 될 수 있으면 많이 기억해 두려고 애썼습니다.

    중공군 감시병과 함께 걸어 나간 저는 다른 전우들 역시 감시병과 함께 있는 것을 보았습니다. 알고 보니 공산군들이 자신들을 선전하는 의미에서 27명의 부상자를 뽑아 석방한 것이었습니다. 1950년 추수 감사절 전날 밤 우리는 드디어 아군 진지에 이르게 되었습니다.

    카폰 신부님이 성인이냐고요? 제게는 물론 성인입니다. 만일 하늘나라에 편지를 보낼 수 있다면 저는 이렇게 쓸 겁니다. '저 높은 하늘에 계신 위대한 성직자, 위대한 병사, 위대한 당신에게 감사드립니다. 신부님, 당신이야말로 하늘나라에 가실 분입니다. 당신을 평생 잊지 않겠습니다.'

캐럴 주교는 뜻하지 않은 편지를 한 장 받게 되었다.

    1951년 2월 28일 14시.

    주교님, 카폰 신부님과 저는 1950년 7월 18일 아침, 제1기병사단과 함께 포항에 상륙하였습니다.

    한여름 무더운 날에도 병사들은 언제든지 낙동강 방죽에 오면 지프차 앞머리에 차려 놓은 간소한 제대를 볼 수 있었습니다. 그 더위 속에서 카폰 신부님은 무겁고 더운 제의를 입고 미사를 드리셨습니다. 그는 또 병사들과 함께 많은 산을 타고 넘으면서 그들의 쓸쓸한 마음을 위로하였습니다.

북한으로 넘어가기 2일 전 문산에서(카폰 신부의 마지막 사진일 것으로 추정)

만주 국경에서 35마일쯤 떨어진 운산 근처에서 11월을 맞았을 때 신부님이 미사를 드리는 모습을 더 이상 볼 수 없다는 것이 한없이 서러웠던 적이 있었습니다. 우리는 완전히 포위당하였던 것입니다. 모든 사람이 그 사실을 알고 있었습니다. 모든 이가 고향에 있는 사랑하는 사람들을 생각하며 한없이 서러워하였습니다. 다시 햇빛을 볼 수 있을지 그 누구도 알 수 없었습니다. 오직 하느님께서 도와주시기만을 기도했습니다. 적의 포위망은 점점 좁혀져 오는데 뾰족한 수가 없었습니다. 다만 아침까지 버티기만 한다면 증원군이 도착해 우리와 합세할 수 있었지만 그때까지 버티기에는 적군의 수가 너무 많았습니다. 대대장 왈톤 중령이 마침내 후퇴 명령을 내렸습니다.

밤 11시쯤에 우리는 이미 삼중으로 포위된 적망을 하나하나

뚫고 나가야 했습니다. 후퇴 작전을 펼치며 우리는 완전히 혼란에 빠져들었습니다. 저는 그사이에 카폰 신부님과 함께 부상병을 치료하던 위생병을 돕고 있었습니다. 그런데 별안간 머리 위로 갖가지 총탄이 날아들었고 결국 우리는 기습을 당하고 말았습니다.

주교님, 바로 이것이 악몽의 시작이었습니다. 그리고 바로 그 순간 카폰 신부님을 잃었습니다. 그날 밤 우리 제8기병연대에서만 995명의 사상자와 행방불명자가 나왔습니다. 《뉴스위크》지에도 그 전투에 대한 기사가 나와 있습니다. 제목은 '핼러윈 파티'로 되어 있지만 사실 그 전투에서 살아 나온 병사들에게는 '뷰글 봐리'로 잘 알려져 있습니다.

그 후 카폰 신부님을 찾으려고 노력한 끝에 다음과 같은 이야기를 들을 수 있었습니다. 카폰 신부님과 매우 친한 친구인 군의관 카리 중위가 위급한 부상병을 치료하다가 최후를 맞게 되었고 바로 그 곁에 카폰 신부님이 있었다고 합니다. 어느 병사가 도망치라고 외쳤지만 그는 기어코 부상병에게서 손을 떼지 않았던 것입니다. 카폰 신부님이 살아 돌아오도록 저는 계속 기도를 드렸습니다. 대대에서 린치 신부님이 첫 미사를 올렸을 때에도, 우리는 행방불명이었던 카폰 신부님을 위해서 미사를 드렸습니다. 수백 명의 병사들은 카폰 신부님이 베푼 친절을 절대 잊지 않을 것입니다. 병사들의 사기를 높여 주고 또 많은 병사들이 가톨릭 신자가 되도록 끊임없이 노력한 카폰 신부님을 항상 가슴 깊이 기억할 것입니다. 살아 있는 한 저는 그를 잊을 수 없을 것입니다.

일본 교토에서
어네스트 J. 리터 하사 올림.

카폰 신부의 보좌 겸 운전병이었던 패트릭 슐러 하사는 다음과 같이 말했다.

"신부님과 저는 제3대대 지휘 본부와 진료소 근처 보리밭에 텐트를 치고 있었습니다. '모든 성인 대축일'에 미사를 네 대 드리고 일찍 자리에 누웠는데 밤 11시쯤 이동 명령이 내려왔습니다. 우리는 지프차와 트레일러에 짐을 싣고 1대대, 2대대와 합류하려고 앞으로 나아갔습니다. 앞서 갔던 길이 위험하였으므로 다른 길로 접어들려던 차였습니다. 우리는 곧 공산군이 설치해 놓은 도로 장애물에 걸려 차를 돌려야만 했습니다. 신부님과 저는 많은 부상병들을 일으켜 차와 트레일러에 태우고 제3대대 지휘 본부로 돌아왔습니다. 길가에서는 위생병들이 부상병들을 치료하고 있었습니다. 그때 신부님은 제게 곧 돌아올 테니 차 안에서 기도하고 있으라고 하셨습니다.

몇 분 후에 중공군이 바로 그곳으로 공격해 왔습니다. 저는 차에 불을 지르고 신부님을 찾으러 달려 나갔습니다. 신부님을 외쳐 불렀지만 찾을 수가 없었습니다. 그 후 저는 전우들과 함께 강을 건너 돌아왔고 신부님도 함께 돌아오셨으리라 생각했습니다."

플로리다주 잭슨빌 출신 빌 모리아티 소령은 이렇게 말했다.

"그가 응급 치료소에서 앤더슨 군의관과 함께 부상병을 치료하는 것을 보았습니다. 새벽 2시쯤이었습니다. 군의관이 지휘 본부에 불이 켜 있는 것을 보고 그 부상병을 데리고 들어왔습니다. 그때 공격은 이미 가까이에서 벌어지고 있었습니다."

알프레드 파를노드 상사는 이를 다음과 같이 확인했다.

"11월 1일 오후 카폰 신부님은 일찌감치 제3대대 근처에서 미사 드릴 준비를 하고 있었습니다. 그날 지휘 본부 근처에서 그를 다시 만났습니다. 우리는 중공군이 가까이 오고 있다는 것을 알고는 있었지만 모든 일은 갑작스럽게 일어났습니다. 우리는 약 500야드를 후퇴하여 강을 건넜습니다. 카폰 신부와 앤더슨 군의관도 강을 건넜지만 어느 병사가 자기 전우가 부상당하였다고 외치자 카폰 신부는 서슴지 않고 되돌아갔습니다. 앤더슨 군의관도 그와 뜻을 함께했습니다. 새벽 3시가 지났을 때의 일이었습니다."

"카폰 신부는 빠져나올 기회가 여러 번 있었지만 그러지 않았습니다."라고 브루클린 출신의 판스톤 특무 상사는 분명히 밝혔다. "사실 그분은 연대 지휘 본부와 함께 그날 밤 일찍 이동할 수 있었습니다. 그러나 그분은 그 후에도 다시 돌아가 마지막 부상병이 진지를 떠날 때까지 머물러 있었습니다."

11월 3일, 밝혀지지 않은 어느 전투 구역에서는 L중대가 원형의 작은 방어 진지를 치고 있었다. 그 진지 안에 구덩이를 파 부상병을 보살피고 있었다. 뉴저지주 출신의 클라렌스 마트록 하사는 "K중대와 함께 언덕 위에 있었습니다. 중공군이 11월 2일 새벽에 쳐들어왔습니다. 언덕에서 내려와 진지로 왔을 때 카폰 신부님은 거기 있었습니다. 저는 3일 밤에 이 진지를 떠났습니다."라고 이야기를 전했다.

펜실베이니아주 피츠버그 출신 제임스 피터갈 상사는 "3일 저녁에 신부를 보았습니다. 50야드 정도 되는 허허벌판의 원형 진지에서 그는 구덩이를 찾아다니며 부상병을 치료하고 있었습니다. 그 와중에도 소화기와 중화기의 사격이 그칠 줄을 몰랐습니다."라고 말했다.

롱비치 출신의 도널드 카터 군목은 이렇게 말했다. 카터는 개신교 군목으로 카폰 신부와는 절친했으며 제8기병연대 소속이었다.

"다음 날 우리는 후퇴 명령을 받았습니다. 움직일 수 있는 부상병은 모두 따라 나서기로 되어 있었는데, 남은 부상병들을 위하여 카폰 신부님과 앤더슨 군의관이 뒤에 남겠다는 것이었습니다. 우리가 후퇴할 때 이미 그곳에는 포탄이 터지고 있었고 공산군이 조명탄을 쏘아 올리고 있었습니다. 이때 카폰 신부님을 마지막으로 뵈었습니다. 그곳에 부상병이 있는 한 그분은 그곳을 떠나지 않았을 겁니다."

모리아티 소령은 "대구에서 그는 지프차를 잃어버렸다면서 자전거를 타고 다녔습니다. 한 달 반 동안이나 그 자전거로 대대와 중대를 찾아왔었습니다. 38선에서 전투가 벌어지고 있을 때, 구급 지프차 한 대가 부상병 둘을 태우고 달리다가 운전병이 운전대를 쥔 채 전사했습니다. 이것을 본 카폰 신부는 운전병을 한쪽으로 밀어 놓고 박격포와 총탄이 비 오듯 쏟아지는 곳을 손수 운전해 갔습니다."라고 말했다.

슐러 하사가 이어서 말하였다.

"북진하던 우리 부대는 어느 날 아침 적의 저항을 받았습니다. 카폰 신부님이 지프차로 혼자 달려갔는데 여섯 시간이 지나도록 돌아오지 않았습니다. 전방으로 찾아 나섰더니 중기관 총탄

치열했던 다부동 전투에서 병사를 구하는 카폰 신부(오른쪽)와 제롬 A. 돌란 의무병(왼쪽)

이 떨어지는 곳에 태연하게 서 계시더군요. 그러면서 하시는 말씀이 '파이프가 부러졌어. 저격병이 나를 쏘았지 뭐야. 겨우 기어서 부상병에게 접근했네. 파이프가 부러지다니'였습니다. 정말 보통 분은 아니셨지요."

다부동 골짜기에서의 돌격에 이어 치열한 전투가 벌어졌다. 이 무서운 전투에서 적군은 우리 병력의 45배나 되었다. 아군은 보급로가 끊긴 상태에서도 우세한 병력과 유리한 지점을 가진 적에게 영웅적인 저항을 하였던 것이다.

제12장
메이요 중위의 회고

 그 무서운 전쟁에서도 역시 많은 용감한 사람들이 있었다. 그중 한 사람이 월터 메이요 중위인데, 전우들 사이에서 '보스턴 대학생'이라고 불리던 사람이었다. 피터 부자티는 메이요를 최고의 야전 장교라고 말하기도 했다. 중위는 당시 완전히 포위당한 원형 진지를 능숙하게 지휘해 냈다. 그는 카폰 신부에 대한 여러 가지 정보들과 더불어 깊은 슬픔과 끝없는 찬사가 담긴 몇 통의 편지를 보냈다. 이 여러 통의 편지에서 그는 카폰 신부가 포로가 되기 전후 상황에 대해 가슴 벅차게 묘사하고 있다.

1954년 1월 5일.

친애하는 톤 신부님, 보내 주신 편지 정말 감사합니다. 카폰 신부님에 관한 이야기를 좀 더 추가하려 합니다.

제가 카폰 신부님을 처음 만난 것은 9월 2일쯤, 우리가 대전 근방에서 전투할 때였습니다. 저는 포격 관측을 하고 있었습니다. 401고지를 공격하던 중이었는데 힘겨운 싸움이었지요. 포격을 인도하기 위해 저는 훨씬 앞에 나가 있었는데, 돌아보니 바로 뒤에 신부님이 적의 저격병에 노출된 채 앉아 있는 것이 보였습니다. 저격병을 조심하라고 외쳤는데도 그분은 아주 태연하셨습니다. 겨우 몇 피트 옮겨 도랑으로 들어가더니 어디 부상병이 없느냐고 묻고 다녔습니다. 이렇게 그분은 그날 오후 저녁 내내 부상병을 메고 왔다 갔다 했습니다.

그 후 포탄이 점차 떨어지는 상태에서, 저는 적군으로부터 겨우 400야드밖에 떨어지지 않은 산기슭에서 올리는 미사에가 신부님을 만나게 되었습니다. 전투가 소강상태에 들어가면 그분은 적군의 시체도 곧잘 묻어 주었고 아군 전사자의 무덤 표지도 도왔습니다.

입에는 항상 파이프나 궐련을 물고 계셨으며 아무리 어려운 때에도 항상 웃는 낯이어서 모든 사람에게 격려가 되었습니다.

자전거를 고치는 카폰 신부

봉동에서는 그의 보좌관이 전사하여 모든 것을 잃고 결국에 그는 자전거를 타고 다녔습니다. 언제 어디든지 전투가 있으면 나타나 부상병을 도왔고 죽어 가는 사람들을 위로하며 최후의 임종 예절을 올려 주었습니다. 그의 헌신적인 행동은 대구에서 서울, 개성, 평양, 안주, 운산으로 진격할 때까지 시종일관 계속되었습니다.

11월 1일 아침 제8기병연대 제3대대는 운산에서 동남쪽 5마일, 압록강에서 약 50마일 지점 작은 골짜기에 자리 잡았습니다. 나흘 전 평양에서 이곳으로 온 이후 카폰 신부님은 매일 아침마다 미사를 드렸습니다. 바로 그날 밤 중공군이 맹렬히 공격해 왔습니다. 놈들은 우리 진지 안까지 침투해 왔습니다.

30분 후, 저는 대대 본부가 있는 도로변 엄폐소에 갔습니다. 통나무와 흙으로 만든 곳으로 40명쯤 수용할 수 있는 시설이었습니다. 아니나 다를까 이곳 역시 매우 혼잡하였습니다. 그 안에서는 신부님께서 약 30명의 부상병을 모아 놓고 치료하고 있었습니다. 우리는 그 출입구를 지키기로 하고 병사를 불러 모아 아침까지 싸웠는데 마침내 적의 박격포탄이 바로 그 입구 앞으로 떨어지기 시작하였습니다. 입구는 겨우 트럭이 지나갈 수 있을 정도였지만 우리는 부상병 20명가량을 그곳으로 더 모았습니다.

이러는 동안 신부님은 계속 부상병을 안으로 끌어 들이고 있었습니다. 후방에 원형 진지를 치기 위해 우리는 새벽을 기하여 후퇴해야 했습니다. 그러나 신부님은 부상병을 두고 갈 수 없다고 하셨습니다. 10시쯤에야 우리는 진지로 돌아왔습니다. 신부님은 하루 종일 평지로 기어 나가 부상병들을 진지로 끌어왔습니다. 그분은 또 적군의 표적으로 노출되기 쉬운 자리에 태연히 앉아 있었습니다. 신부님은 총에 맞아 부러진 파이프에 테이프를 감아 계속 담배를 피웠습니다. 그날 그는 서른여 명의 부상병을 벌판에서 끌어다 참호로 데려왔습니다.

밤이 되자 그는 남아 있는 부상병들을 돌보아야 한다면서 150야드나 떨어진 엄폐소로 되돌아갔습니다. 그날 밤 중공군의 공격은 극심했고 여러 차례 육박전이 벌어졌습니다. 아마 놈들이 이미 그 엄폐소를 차지했을지도 모르는 일이었습니다. 바로 2일 밤이었습니다. 적이 엄폐소 안에 수류탄 두 개를 던져 부상병 몇 명이 죽게 되었습니다. 그러나 이때 부상을 당해 우리 쪽 포로로 잡혀 있던 중공군 장교가 엄폐소에서 나가 수류탄을 던지지 못하게 하고 함께 엄폐소로 들어갔다고 합니다. 결국 적군은 신부님과 우리 쪽 부상병 25명가량을 붙잡았습니다. 사실은 바로 신부님이 이 중공군 장교를 치료해 주었고 또 그를 내보내 수류탄을 못 던지게 하였던 것입니다.

다음 날, 우리는 그대로 이 골짜기에 포위되어 있었습니다. 진지 밖으로 나갈 수 없는 형편이어서 신부님이 어떻게 되었는지는 알 길이 없었습니다. 우리는 다른 부상병들과 함께 그날 밤과 다음 날을 견디었습니다. 탄약도 떨어지고 이미 이틀을 굶은 상황이었기 때문에 어떻게 해서든지 그곳을 빠져나와야 했습니다. 하지만 그곳에 있던 인원으로는 부상병을 이끌고 나올 수도 없었습니다. 그러던 차, 군의관 앤더슨 중위가 150명의 부상병과 함께 남겠다고 자원하였습니다. 이 포위를 뚫고 나올 혈로를 찾던 길에 그 엄폐소에 들렀는데 남아 있던 부상병들이 신부님이 자신들을 돌보아 주었다고 이야기하였습니다.

나흘 후에는 저도 포로가 되었습니다. 제가 신부님을 다시 만난 것은 벽동 수용소가 폭격당해 서남쪽 10마일 지점으로 호송되는 도중이었습니다. 11월 20일 저녁이었습니다. 사람을 만난 것이 이렇게 기쁘기는 처음이었습니다. 들것을 든 채 40마일을 다녔습니다. 부상병 40명을 들것에 태우고 산을 오르내렸습니다. 대개 번갈아 들었지만 신부님은 한 번도 교대하지 않았습니다.

다음 날 아침 우리는 이 골짜기에 이르렀고 장교들은 모두 한 조그마한 한국 농가에 수용되었습니다. 적은 우리가 밖으로 나가지 못하게 하였지만 신부님은 곳곳을 다니면서 우선 환자와 부상자를 살피고 사람들을 만나 기도를 올렸습니다. 누가 죽으면 얼어붙은 돌땅을 파서 무덤을 만들어 주었습니다. 이런 일이 늘 반복되었던 것입니다. 식량이 턱없이 모자라 모두가 굶주린 상황에서 신부님은 보리, 조, 콩을 구하러 다녔고 그때마다 의적인 디스마스 성인에게 기도를 드렸습니다. 이 기도 덕분이었는지 신부님은 가끔 100파운드나 되는 보리와 귀한 소금을 양손에 가득 들고 돌아오기도 하였습니다. 마침내 우리도 디스마스 성인에게 열심히 기도를 올리게 되었습니다.

시계를 가진 장교는 시계를 담배와 바꾸어 신부님께 담배를 드렸지만 신부님은 마른 마늘잎이나 나뭇잎을 피우시고 그것은 부상자들이나 병자들을 찾아가서 모두 나눠 주었습니다. 중공군과 북한 공산군 병사는 항상 신부님을 잡아 두려고 하였습니다. 그분이 선동을 하고 다닌다든가 어떤 자가 신부님을 보고 싶지 않다고 오지 못하게 해 달라고 중공군에게 요청했다는 말이 들려왔습니다. 하지만 결국 그들은 신부님을 오지 못하게 하기는커녕 그가 골짜기로 내려가는 것을 말리지 않게 되었습니다.

그분은 매일 밤 기도하셨습니다. 우리를 적의 손에서 벗어나게 해 달라고, 공산당이 무신론의 유물 사상에서 벗어나게 해 달라고 말입니다. 1951년 1월 21일, 우리는 다시 벽동으로 이동했습니다.

1954년 1월 11일.

친애하는 톤 신부님, 지난번 편지는 카폰 신부님이 벽동 수용소 제5캠프에서 돌로 철판을 두드려 냄비를 만들고 있었다는 이야기를 드렸습니다. 신부님은 나무토막, 수숫대, 나뭇가지들을 주워 모아 불을 피워서 마실 물과 상처를 씻을 물을 끓이셨습니다.

1951년 2월, 추위는 영하 20도나 될 만큼 맹렬하였습니다. 그분은 날마다 어두운 새벽에 일어나 7시에 기상 신호의 호각이 울릴 때 저희 막사에 들어와 "뜨거운 커피" 하며 끓인 물을 한 잔씩 떠 주셨습니다. 이 수용소에서는 하루에도 열 내지 스무 명이 죽었습니다. 신부님은 번번이 보초병의 눈을 피해 우리

사병들의 캠프를 찾아오셨습니다. 누군가에게 죽음이 가까워 오면 신부님은 밤낮으로 간호하셨습니다. 리차드 한겔이란 사람에게도 주님의 말씀을 가르치시고 죽기 전에 세례를 주셨습니다. 체스터 오스본 대위가 세례를 받을 때는 로버트 버크 중위가 대부모를 겸하였습니다. 신부님은 말끝마다 마음에 의심이 생기는 자에게 무조건 가톨릭 신자가 되라고 강요하지는 않는다고 하셨습니다.

북한 압록강 근처 벽동 포로수용소

1951년 3월쯤 신부님은 긴 수염을 달고 어느 미군 사병의 스웨터에서 잘라 낸 소매를 모자로 쓰고 계셨습니다. 수척해진 얼굴에 몸도 말라 있었습니다. 그래서 우리는 신부님을 그리스 정교회의 수염이 긴, 나이 많은 장로 같다고 놀렸습니다.

신부님께선 저녁마다 장교들이 수용되어 있던 집을 찾아다니며 빠지지 않고 저녁 기도를 드리셨습니다. 그분은 오직 우리의 양식과 정신의 양식, 우리의 석방과 자유 그리고 적군을 위하여 기도하셨습니다. 더욱이 공산당이 그들의 무서운 죄악에

중국과 북한의 사상 교육(카폰 신부 죽음 이후 사진)

서 벗어나 거짓 철학을 버릴 수 있게 해 달라고 기도드리셨습니다. 신부님은 4월까지 이렇게 헌신적으로 기도를 하셨습니다.

한편 공산군은 우리를 교화시킨다고 미국은 자본가니 전쟁 선동자니 하며 야단을 부렸습니다. 신부님은 그들의 이야기에 일일이 부드럽고 조용한 목소리로 반박하셨습니다. 그럴 때마다 그들은 신부님을 조롱하듯이 "지금 당신의 하느님이 어디 있단 말이오? 이 수용소에서 석방시켜 달라고 부탁해 보시지. 밥도 달라고 해 보고. 흥, 매일 먹는 음식에 대해서 모택동과 스탈린에게 감사나 하시오. 당신은 당신의 하느님을 보지도 듣지도 느끼지도 못하고 있잖소. 하느님은 결국 없는 것이오."라고 하였습니다. 이 말에 신부님은 이렇게 답변하셨습니다. "언젠가 하느님은 중국 사람을 구원하실 것이고 또 그들이 지은 죄에서 그들을 구하실 것입니다. 하느님은 산 위에서 수천 명을 먹이신 것과 같이 우리를 돌보아 주실 것입니다. 모택동은 나무도 꽃도 만들 수 없으며 우레와 번개를 멈추게 하지도 못합니다."

그분은 또 이런 말씀도 하셨습니다. "하느님은 우리가 숨을 쉬면서도 볼 수 없는 공기처럼 진실하신 분이며 또 들을 수는 있지만 볼 수는 없는 소리처럼, 가지고 있으면서도 볼 수 없고 느낄 수 없는 사상 이상으로 진실하신 분입니다." 그랬더니 공산당들은 토론에 질 것 같았는지 신부님을 공박하지 않았습니다. 신부님은 영어 통역인들이 그리스도교가 민중을 이용하였다고 하는 말에 그들을 책망하시며, 그러면 선교사들이 그들을 그렇게 악용하였더냐고 반문함으로써 그들을 부끄럽게 만드셨습니다. 감시병 한 사람이 우리 사병에게 신부는 선동자요, 자본가의 선전원이므로 그와 상대하지 말라고 하는 것을 우리 사병들이 독특한 방법으로 감시인을 꼼짝 못 하게 하였다고 하니 참으로 기특한 일입니다. 공산당은 온갖 수단으로 신부님이 하느님 사업을 하지 못하게 방해하였지만 신부님은 이에 굴하지 않고 항상 일을 진행해 나가셨습니다.

   1951년 4월, 만주에서 압록강을 건너오는 찬바람 속에서도 서서히 저수지의 얼음이 녹기 시작하던 부활 주일이었습니다. 저는 일생에서 이날을 잊을 수가 없습니다. 신부님은 이날 새벽 묵주 기도, 메모라테*, 십자가의 길, 미사 경문을 올리고 성경을 읽어 주셨습니다.

---

  * 성모님께 바치는 기도문, 성가 〈굽어보소서〉(가톨릭 성가, 250) 내용과 같다. — 편집자 주

눈병이 나서 검은 안대를 하신 데다가 지팡이를 짚고 다니시면서도 신부님께선 미사를 집전하셨습니다. 근방에 있는 교회 계단에 약 85명의 장교들이 앉아 있었습니다. 그들 중에는 가톨릭 신자, 개신교 신자, 유대교 신자, 비신자들이 섞여 있었지만 모두 한결같이 하나를 찾고 있었습니다. 기도가 끝날 무렵에는 모두들 눈물을 흘렸습니다.

공산당은 이 일을 빌미로 신부님을 곤경에 처하도록 하려 했지만 결국 신부님은 신앙의 자유를 주장하셨고 그들도 결국 신부님을 추궁하지 않았습니다. 신부님은 그때에도 성체와 영대와 성유를 모두 가지고 계셨습니다. 몇 달 동안 고해성사도 참 많이 주셨습니다. 주일에는 미사를 드린 뒤 개신교 예배를 드리도록 하셨습니다. 그분은 누구에게나 힘이 되셨고 한 사람도 소홀히 하지 않으셨습니다. 어떤 일에도 불평하지 않으셨지만 어쩌다가 누가 옳지 않은 일을 당하게 되면 꼭 짚고 넘어가셨습니다. 그분은 또 하느님을 욕하는 사람을 올바로 인도하시는 데 모든 힘을 쓰셨습니다.

부활절 미사가 끝난 뒤에야 저는 비로소 신부님께서 다리를 몹시 절어 걷기 힘들어하신다는 것을 알게 되었습니다. 그 이유를 여러 차례 물었지만 신부님은 그저 웃으시며 나이가 들어서 그런 모양이라고만 하셨습니다. 우리는 군의관 앤더슨 대위와 이센스텐 대위에게 신부님을 모시고 가 진찰하게 하였습니다. 다리에 피가 뭉쳐서 무릎에서 발가락까지 부어오르고 다리 색이 누렇고 검게 변했다고 했습니다. 우리는 신부님을 억지로 눕히고 다리를 매달았습니다. 그렇게 한 달을 누워 계시면서 신부님은 당신이 다른 사람들에게 부담을 주게 되었다며 한탄하셨습니다. 당신은 다른 사람들을 위해 모든 것을 바치시고도 말입니다. 이렇게 꼼짝 못 하고 누워 있는 6주 동안에도 그분은 부상당한 장교들을 위로하셨고 또 할 수 있는 만큼 육체적으로나 정신적으로 도움을 주시려고 애쓰셨습니다.

신부님과 다른 분들을 위해 우리는 집 안에 임시 화장실을 만들었습니다. 그분은 혼자 힘으로는 용변도 볼 수 없으셨습니다. 그런데도 신부님은 거들어 달라는 말을 하시기를 꺼려 한 시간이 넘도록 그대로 화장실에 앉아 있기 일쑤였습니다. 그래서 저희도 더욱 신경을 써서 신부님이 화장실에 계신지 확인했습니다.

날씨가 점차 더워지기 시작한 5월쯤이었습니다. 신부님의 다리가 조금씩 좋아졌습니다. 군의관 말이 햇볕을 쬐면 좋다기에 저희는 그대로 했습니다. 밖에서 여러 시간을 보낸 뒤 신부님은 피로하셨는지 방으로 데려다 달라고 하셨습니다.

오후 5시경이었습니다. 보리밥으로 저녁을 때우고 있었는데 누군가가 취사장에 와서, 신부님이 저를 찾으셨다고 하였습니다. 신부님의 방으로 들어섰더니 머리를 높이 들고 누운 채 밥을 뜨고 계셨습니다. 군의관 앤더슨과 이센스텐도 와 있었고 곁에는 랠프 나델라 대위와 펠릭스 매쿨 준위가 있었습니다.

신부님은 가쁜 숨을 쉬셨습니다. 조리 있게 말씀을 이어 나갔지만 조금 이상해 보였습니다. 통증이 심해 자꾸 얼굴을 찡그리시는 것을 보고 저희는 모두 놀랐습니다. 신부님은 한 시간 동안 저희를 보시고 여러 가지 이야기를 하셨습니다. 그런데 갑자기 신부님의 얼굴이 일그러졌습니다. 신부님은 소리를 지르셨습니다. 이윽고 고통이 얼룩진 그분의 얼굴에 눈물이 흘렀습니다. 그러면서 구약에 나오는 일곱 시체 이야기를 해 주셨습니다.

"황제가 한 노파를 불러다 놓고 신앙을 버리지 않으면 고문하여 죽이겠다고 하였습니다. 노파는 황제가 원하는 것은 무엇이든지 하겠지만 신앙만은 버릴 수 없다고 말했습니다. 그러자 황제는 노파의 일곱 아들을 불러다 놓고 자기 명령을 어기면 아들을 모두 죽이겠다고 하였습니다. 여인은 끝내 거절하였고 황제는 아들을 하나씩 죽였습니다. 노파가 울고 있자 황제는 서러워서 우느냐고 물었습니다. 그러자 여인은 아들들이 하늘나라에 갔을 것이므로 기뻐서 우는 것이라고 했습니다."

신부님은 저희에게 당신도 같은 이유로 운다고 하셨습니다. 또 그분은 주님께서 수난을 당하셨으므로 당신도 고난을 겪는 것이 기쁘다고 하셨고 또한 주님께 가까이 가는 것을 느낀다고도 하셨습니다. 이 말씀에 우리는 모두 울었습니다. 지난 몇 개월 수십 명이 죽어 가는 동안 살아남아 있는 자기가 조금이라도 강하다고 생각했던 모든 사람들이 울었던 것입니다.

이야기를 듣고 나서 군의관 앤더슨과 이센스텐을 따라 저도 밖으로 나갔습니다. 바로 그때 영어가 능통하며 뚱뚱하고 키가 작은 중공군 장교가 방으로 달려 들어오더니 신부님을 병원으로 데려가겠다고 했습니다. 우리는 처음부터 신부님을 병원으로 보내고 싶지 않았습니다. 저희가 간호해 드리고 있을 뿐 아니라 병세가 좋아지고 있었으니까요. 그런데도 그 중공군은 가야 한다고 야단이었습니다. 신부님을 살리려고 병원으로 데려가는 것이 아니었습니다. 지금까지 병원으로 갔던 장교가 60명이나 되는데 돌아온 사람은 불과 다섯 명 정도였으니까요. 말하자면 신부님의 병세가 중하므로 이 기회에 걸리적거리는 존재를 없애자는 속셈이었을 것입니다. 놈들은 포로들에게 미치는 영향력이 컸던 신부님을 싫어했습니다. 신부님은 일종의 영원한 힘이었습니다. 놈들은 선을 행하는 힘이라면 은근히 무서워하고 미워했던 것입니다.

우리는 거부하고 싸우고 협박하고 애원도 했지만 결국 아무 효과도 없었습니다. 30분 후에 그들은 임시로 만든 들것을 가지고 왔고, 신부님은 밖에 있던 중공군을 보자 당신이 병원으로 끌려간다는 것을 아셨습니다. 놈들이 들것을 땅에 놓고 독촉을 할 때 신부님은 저에게 성합과 성체보와 당신께서 세례를 준 사람들의 명단을 주셨습니다. 영대와 성유는 혹시 병원에서 필요할지 모르니까 가지고 간다고 하셨습니다.

그들은 신부님을 방에서 데리고 나와 들것에 눕혔습니다. 중공군 영어 통역 장교 '선'과 '구' 두 사람이 와 있었습니다. 우리는 만약 신부님께서 그 자리에 계시지 않았다면 두 놈을 없애 버리고 싶을 정도로 너무 분통이 터졌습니다. 우리는 모두 울었습니다. 장교 여섯이 신부님을 들고 갈 때였습니다. 들것이 어깨에 닿자 신부님은 저에게 "월터, 내가 돌아오지 않거든 주교님께 행복하게 죽었다고 말씀드려 줘."라고 하셨습니다. 우리는 모두 곧 돌아오시게 될 것이라고 하였지만 신부님은 그저 미소를 띤 얼굴로 당신을 위하여 기도해 달라고 부탁하셨습니다.

들것에 실려 언덕을 내려가는 신부님을 보며 저는 다시 뵙지 못하리라는 것을 깨달았습니다. 그리고 그 사실은 본인이 더 잘 알고 계시는 듯했습니다.

나흘 후인 5월 23일, 신부님은 압록강이 내려다보이는 죽음의 병원에서 당신이 돌보아 준 병사들 품 안에서 돌아가셨습니다.

1954년 2월 23일.

신부님, 편지가 늦어 죄송합니다. 지난주는 훈련으로 보냈습니다. 그러다 보니 모든 것이 어수선했습니다. 이제야 그 성합 이야기를 상세히 전해 드릴 수 있게 되었습니다.

신부님은 영대와 성유를 가지고 가셨고 저는 성체보와 성합을 보관하게 되었습니다. 신부님께서 돌아가신 지 일주일 후에 저는 성유를 찾기 위해 병원에 가도 좋다는 허가서까지 통역장교에게서 받았습니다만 아무것도 얻을 수 없었습니다. 말하자면 병원에서는 신부님의 영대도 성유도 보지 못했다는 것이었습니다. 후에 들은 이야기로는 미군 병사가 그것들을 가져갔다고 하는데 아직도 그 행방을 모르고 있습니다. 그러나 아무리 생각해 보아도 성유를 금으로 만든 병인 줄 안 중공군이 가져간 것 같습니다. 그들은 전사한 미군의 반지와 귀중품을 곧잘 뺏어 가졌으니까요.

성합과 성체보는 8월 20일 제가 사진을 찍었다는 죄목으로 독방에 갇힐 때까지는 가지고 있었습니다. 누군가가 중공군에게 밀고한 듯합니다. 그 후로는 저와 친한 친구인 헨리 페디콘 중위가 1951년 10월쯤까지 그 물건들을 맡아 가지고 있었는데 그만 중공군들에게 발견되어 빼앗겼습니다. 바로 이 무렵에 장교들은 모두 캠프를 이동하게 되었습니다.

1951년 10월 27일 제2캠프에서 장교들과 함께 있게 되었을 때 중공군에게 그 성합을 찾아 달라고 부탁하였습니다. 나델라 중위의 도움을 얻어 그 중공군 장교를 달랬습니다. 중공군은 그것이 카폰 신부의 개인 소지품이라고 주장하였습니다. 그래서 저희는 그것은 신부 개인 물건이 아니라 신부의 상관인 주교의 것이라고 주장하였습니다. 그러나 아무 소득도 없었고 오히려 그 녀석은 우리를 반동이라고 몰아세웠습니다. 그다음엔 고독이 있을 뿐이었지요.

1952년 4월 어느 날, 제1캠프 밖에 앉아 있는데 수용소 사령관의 딸이 캠프 앞을 지나가고 있었습니다. 성합 찾기를 단념했을 무렵, 그 아이의 손에 구슬이 담긴 성합이 들려 있는 것을 보게 되었습니다. 로버트 맥타가트 중위와 저는 그것을 가져오려 하였으나 아이가 울고 또 감시병도 가까이 있고 해서 그대로 몸을 피해 버렸습니다. 아이는 겨우 서너 살이 되어 보였습니다. 이번에는 정말 소동을 일으킨 꼴이 되어 나델라 중위는 진정서를 올렸습니다. 그 중공군을 쫓아다닌 결과 마침내 한 달 후 수용소 사령관이 우리가 귀국할 때 그 성합을 돌려주겠다고 나델라 중위에게 약속하였습니다. 그러나 우리는 그들이 종교의 자유를 선언하면서도 그것을 이행하지 않는다는 사실을 지적했습니다. 아마 그들은 이 사실을 뉘우치고 공정하게 처리하려 한 것 같습니다.

포로수용소 캠프 안에서

성합은 마침내 1953년 8월에 나델라 중위의 손에 돌아왔습니다. 저는 이 무렵에 제2장교 캠프에서 이송되어 다른 장교들과 함께 부속 캠프에 수용되어 있었고 1953년 8월 다 함께 38선 쪽으로 이송될 때 나델라 중위가 성합을 다시 찾은 것입니다.

성체보는 1951년 10월에 없어진 뒤 다시 찾을 수 없었습니다. 추후 뉴욕에 계신 그리피스 주교님께서 그 성합을 1953년

11월에 나델라 중위에게 받으셨다는 연락을 주셨습니다.

제가 가지고 있던, 카폰 신부님이 개종시키시고 세례를 주신 사람들의 명단을 인사처에 제출하라는 지시를 받았습니다. 그분과 함께 있던 (가톨릭 신자가 아닌) 60명의 장교 중 15명가량이 가톨릭으로 개종하였습니다. 모두들 신부님의 영향이었다고 하였습니다. 카폰 신부님은 결코 가톨릭을 믿으라고 강요하지 않았습니다. 그러나 개종한 장교들은 자신들이 카폰 신부님처럼 살고 죽을 수 있다는 믿음으로 아무 의심 없이 그의 종교를 따를 수 있었다고 하였습니다.

신부님, 제 이야기는 끝났습니다. 만일 더 자세한 설명이 필요하시면 제게도 무척 기쁜 일이니 서슴지 마시고 알려 주십시오. 책이 언제쯤 출판될지도 꼭 알려 주십시오.

제13장
진심에서 우러나오는 말

　성직자로서 또 군인으로서의 카폰 신부는 6·25 전쟁이라는 처참한 싸움터에서 영웅성과 희생정신을 보여 주었다. 중공군의 포로가 된 뒤에 그의 존엄한 모습은 더욱 뚜렷이 드러났다. 꽁꽁 얼어 험해진 땅에 아픈 다리를 끌면서도 부상병을 업어 주고, 원시적인 움막에 수용되어 매일 굶주리고, 약도 일용품도 없는 가운데에서도 이 헌신적인 군종 신부는 의욕 없이 지쳐 있는 포로들을 위로하고 위안을 주었던 것이다. 카폰 신부는 포로들의 위로자요, 상담자요, 간호원이요, 지도자이자 보호자가 되어 주었다. 특히 그들을 살리기 위하여 의적이 되는 것도 마다하지 않았다.

카폰 신부가 죽음 전후로 포로들에게 보여 준 인자함과 따뜻함은 그들로 하여금 서로 단결하고, 나아가 그들의 절망적인 마음에 삶의 의욕과 석방의 희망을 가지게 하였다. 카폰 신부는 또 공산당의 세뇌 공작에 굳세게 저항하였고 과감히 매일 기도회를 열어 많은 사람들에게 하느님의 섭리와 자비를 믿게 하였다. 다음 편지를 보면 카폰 신부가 헌신적으로 불굴의 정신을 보여 주었다는 것을 알 수 있다. 그는 살아 돌아오지 못했지만, 결국 모든 시련을 딛고 일어나 수백 명의 포로를 살려 마침내 자유를 찾게 한 것이다.

1954년 2월 1일.

친애하는 톤 신부님, 제가 카폰 신부님을 처음 만난 것은 1949년 가을, 그분이 제8기병연대 제2대대에 배속되었을 때였습니다. 그분은 가톨릭 군목이셨고 카터 목사님은 개신교 군목이셨습니다. 물론 두 분은 교파가 달랐지만 서로 협조적이었고 유달리 친한 사이셨습니다. 두 분은 대대의 정신 지도를 맡아 보셨습니다. 특히 카폰 신부님은 병사들의 생활을 선도하는 책임을 맡고 계셨습니다. 그분이 옳은 생활 태도와 그릇된 생활 태도에 대해 강론할 때면 모두 관심 깊게 들었습니다. 여러 교파의 병사들은 가지각색의 문제를 들고 그분을 찾아갔습니다. 물론 카터 목사님도 카폰 신부님과 똑같은 분이셨습니다. 미사에 참석한 사람들 모두 이처럼 훌륭한 군목 두 분을 한 대대에 모신 것을 참으로 행운이라고 하였습니다. 두 분은 오직 하느님과 모든 사람을 위하여 봉사하셨습니다.

카폰 신부님은 언제나 모두가 이해할 수 있도록 쉽게 말씀하셨습니다. 그분은 병사들의 문제가 무엇인지 알고 계셨고, 개인이나 단체에 최선의 충고를 해 주셨습니다. 뿐만 아니라 입원한 병사들을 직접 찾아보셨고, 사람들이 모이는 곳, 축구 시합, 농구 시합에도 참석하셨습니다. 그분은 오직 하느님과 그분의 병사들만을 생각하셨습니다.

카폰 신부님은 생명이 다하기까지 위대한 봉사를 계속하셨습니다. 포로가 되셨을 때에도 그분은 부상병 곁을 떠나지 않았다는 이야기와 그 후에 그분이 겪으신 이야기는 이미 알고 계시겠지요. 그분은 자신의 일을 앞서 고려하지 않으셨습니다. 항상 병사들을 조금이라도 편하게 해 주려고 애쓰셨습니다. 다른 사람의 불만은 모두 처리해 주시면서도 당신의 근심이나 병을 말씀하지 않으셨습니다. 어떤 친구들은 신부님의 이러한 관대한 마음을 이용하기도 했지만 신부님은 절대 불평하시지 않앴습니다. 우리가 이렇게 돌아올 수 있었던 것은 그분의 꾸준한 지도가 저희에게 큰 힘이 되었기 때문입니다.

저는 늘 신부님께 왜 쉬지 않느냐고 물었습니다. 그분이 하시는 일의 양을 보면 언제나 먹는 것이 모자랐기 때문입니다. 그러나 대답은 언제나 "저는 도움이 필요한 사람을 돕는 것이 좋습니다. 그것만으로도 행복해요."라고 하셨습니다. 그분이 굶주리고 다리의 병이 더 심해져 그만 자리에 누워 있게 되어 버린 뒤에도 사람들은 시끄럽게 그분의 도움을 바랐지만 그분은 절대 불평하지 않으셨습니다.

저는 그와 함께 포로가 되어 같은 방에서 지냈습니다. 같이 먹고 같이 일하고 또 서로 격려하기도 하였습니다. 신부님과 저는 여러 시간에 걸쳐 인간에 대한 이야기를 나누기도 하고 왜 동지이면서 어떤 자는 이렇게 행동하고 또 어떤 자는 정반대일까 하는 고민도 함께 나누었습니다. 신부님은 사람에게는 누구에게나 선이 있다고 하셨습니다. 물론 우리는 그것을 찾아내지 못했지만 신부님은 그것을 꼭 찾아내셨습니다.

그리 많은 이야기를 한 것 같지도 않은데, 카폰 신부님에 대한 이야기는 정말 끝이 없을 것 같습니다. 톤 신부님, 카폰 신부님을 알리는 데 제가 도움이 된다면 언제나 알려 주십시오. 혹시 신부님께서 아시는 이야기들 가운데 제가 더 자세히 말씀드릴 수 있다면 흔쾌히 답해 드릴 것입니다.

개인적으로는 이렇게 훌륭했던 신부님의 모습이 영화로 만들어지기를 바랍니다. 요즘같이 혼잡하고 불안한 시대에 이러한 감격적인 이야기는 반드시 나라에 도움이 되리라고 생각합니다. 동시에 공산주의의 만행에서 우리를 벗어나게 하는 데 끼친 희생을 국민에게 보여 줄 기회도 될 것입니다. 제가 좀 더 도움이 되기를 바랍니다. 안녕히 계십시오.

오하이오주 영스타운시 타리아가 1539
보병 대위, 윌리엄 매클레인.

1954년 2월 15일.

신부님, 일찍 답장을 드리지 못하여 대단히 죄송합니다. 돌아온 후 계속 입원하던 차에 몸이 회복되고 나자마자 여러 공식 행사에 참여하느라 바빴습니다. 이제야 34개월의 포로 생활에 굳어 버렸던 심신도 풀리는 것 같습니다.

카폰 신부님의 이야기는 이미 많은 이들이 알고 있지만 저도 이에 덧붙일 이야기가 많습니다. 저는 다른 사람을 위하여 모든 것을 바친 카폰 신부님에게 느끼는 바가 많습니다. 그것을 어떻게 다 말로 옮길 수가 있겠습니까. 카폰 신부님은 정말 모범적인 분이셨습니다. 언제나 저를 살리려고 헌신해 주셨고 특히 제가 모든 것을 포기하고 있을 때 그분은 흉금을 터놓고 이야기해 주셨습니다.

저는 카폰 신부님을 두려움이 없는 사람, 즉 인간이 만든 것을 두려워하지 않는 분으로 기억하고 있습니다. 1950년 9월의 일입니다. 제가 대대 본부를 설치하고 있었는데 신부님께서 오시더니 부근에 있는 병사들과 미사를 드려도 좋으냐고 물으셨습니다. 그래서 저는 "신부님, 현재 이곳은 상황이 좋지 못합니다. 이곳까지 어떻게 오셨습니까?"라고 물었습니다. 당시 그곳에는 포탄이 떨어지고 있었기 때문입니다. 그랬더니 신부님은 이렇게 말씀하셨습니다. "그렇다면 더욱 미사가 필요합니다. 몇 분 동안만 저에게 부하들을 맡겨 주세요." 결국 저는 그렇게 해 드리기로 하고 될 수 있는 대로 병사들을 많이 모아 미사 장소로 갔습니다.

비어 있던 한옥 뜰을 가리키며 신부님께 장소가 마땅하냐고 물었더니 신부님은 좋다고 하셨습니다. 이어서 미사를 드렸습니다. 저도 참석하였습니다. 미사를 드리는 동안 북한 공산군은 우리를 향해 포격을 시작하였습니다. 우리 뒤로 150야드쯤 떨어진 언덕 위에 포탄이 떨어지고 있었습니다. 그 포격이 확실한 관측하에 실시되고 있는지 알 수 없었지만 불안한 마음에 모두 숨을 곳을 찾을 판이었는데도 신부님은 미사를 계속하셨습니다. 그때 그분의 얼굴에 말로 표현할 수 없는 표정이 지어졌습니다. 바로 성스러운 모습, 또는 거짓 없이 위엄이 깃든 모습이셨습니다. 그야말로 성스러운, 자신을 모든 이에게 헌신하는 모습을 보고 우리는 무서움을 잊을 수 있었습니다. 단 한 사람도 움직이지 않았습니다. 만약 우리가 직통으로 관측되었다면(하긴 그런 것도 같습니다만), 적이 조금이라도 거리를 조종했다면 우리는 섬멸되었을 것입니다. 우리 왼편으로 약 44야드 지점에서 벌어지던 대단한 탄막 사격도 곧 멎었습니다. 이 탄막 사격은 아마 우리를 겨냥하고 있었던 듯한데 요행히 피했던 것 같습니다.

미사가 끝나자 카폰 신부님은 저에게 고맙다고 하시면서 다음 대대로 가는 차를 알선해 줄 수 있느냐고 하셨습니다. 적탄에 맞아 없어진 신부님의 지프차 대신 저는 차를 구해 드렸습니다.

또 하나 기억에 남는 일이 있습니다. 남한의 안성에서 일어난 일입니다. 적군이 1950년 7월 초부터 점령하던 안성을 저희 대대가 9월 하순경에 탈환하였습니다. 그다음 날 아침 카폰 신부님은 공산군 점령 전부터 자리하고 있던 안성의 아담한 성당에서 미사를 드렸습니다. 이미 공산당이 어지럽혀 놓고 간 뒤라 성당 안에 있던 귀중품, 성화, 가구 비품이 모두 부서진 상태였습니다. 그래서 신부님은 당신의 야전용 제기로 제대를 꾸몄습니다. 지역 주민들도 많이 참례했습니다. 물론 저도 참석했습니다.

미사가 끝나고 현관으로 나왔더니 밖이 시끌시끌했습니다. 읍 사람들이 신부님께로 몰려와 치하를 하는 것이었습니다. 자기네 말로 또 자기네 습관대로 모두 신부님께 감사드리고, 신앙을 찾아 준 데 대하여 연합군에게 감사를 표하고 있었습니다. 많은 사람들이 신부님의 손과 옷을 어루만지며 울었습니다. 신부님은 그들을 강복해 준 다음 빠져나오셔서 제게 잃어버린 줄 알고 있던 미사를 신자들에게 다시 찾아 주게 되어 아주 행복하다고 말씀하셨습니다. 더욱이 신부님은 신자들이 적에게 점령당했으면서도 신앙을 지켜 온 것에 감동하였고 우리도 이것을 본받아 절대 신앙을 잃지 말자고 하셨습니다. 만약 신부님의 모범과 교훈이 없었다면 저는 하느님도 사람도 믿지 않았을 것입니다.

또 한 가지 말씀드리고 싶은 것은, 전쟁 초기에 부상병을 대하던 그분의 태도입니다. 북한의 평양을 점령하고 이제 전쟁은 끝이려니 하고 있을 때, 신부님은 대대에서 식량 보급에 관여하고 계셨습니다. 보통 때 그분은 병사들의 정신이나 품행을 돌보셨지만 이 무렵에 신부님은 잘 눈에 띄지 않는 곳에 계시다가 가끔 막사로 늦게 돌아오기도 하셔서 식사를 못 하시는 일도 있었습니다. 좀 이상하게 생각되어 어찌 된 일이냐고 했더니 볼일이 참 많다는 것이었습니다. 그렇다면 한두 사람을 보내 드리겠다고 했더니 신부님은 혼자 해야 할 일이라면서 사양하셨습니다.

얼마 뒤에 저는 그분을 대대가 소유하고 있던 황폐한 빈집에서 발견하였습니다. 낡은 탄약 상자를 책상 겸 의자 삼아 앉아서 전사자와 병사자의 명단 500~600장을 정리하고 계셨습니다. 그 카드에는 근친자의 주소, 사망 직전에 기도를 올렸는지 올리지 않았는지까지 낱낱이 적혀 있었습니다. 그리고 그 친척들에게 빠짐없이 편지를 쓰는 중이었습니다. 제가 알기로는 군목이 이런 일까지 할 의무는 없었습니다. 그러나 카폰 신부님과 카터 목사님은 스스로 그 일을 맡아 전사자의 친구와 친척들의 마음을 조금이라도 위로하려 하셨습니다.

신부님이 일하시던 집은 벽이 군데군데 뚫어져서 매우 추웠습니다. 대대 본부 사무실을 쓰시지 그러셨느냐고 했더니 제가 바쁜 것 같아 번거롭게 하고 싶지 않으셨다고 하셨습니다. 신부님은 당신을 위해서는 남에게 조그만 수고도 끼치고 싶어 하지 않으셨지만 남을 위해서는 당신의 모든 것, 생명까지도 바치신 분이셨습니다.

만약 카폰 신부님의 부모님과 연락이 닿으신다면 정말 자랑스러운 아드님을 두셨다고 꼭 전해 주십시오. 가까운 시일 안에 그분들을 직접 찾아뵙고 문안을 드리겠습니다.

펜실베이니아주 스프링 시티 육군 대위
조지프 L. 오코너 올림.

1954년 2월 8일.

지난번 주신 편지는 웨스트버지니아에서 지내는 제 아내에게서 받았습니다. 우리의 절친한 친구인 카폰 신부의 일생에 대해서 쓰실 계획이라니 참 반가운 일입니다. 불행히도 저는 포로로 있는 동안 영양 부족으로 완전히 시력을 잃어 글을 읽지 못합니다. 귀국해서 처음에는 시력이 약간 되살아나는 것 같았는데 그만 거기서 멈추고 말았습니다. 결국 차도가 없어서 지금은 월터 리이드 병원에 있으며 머지않아 장애인 연금 대상자로 퇴역하게 될 것 같습니다. 지금은 퇴역 사정 위원회의 처분을 기다리는 중입니다.

물론 신부님께서 제 이야기를 쓰시려는 것이 아님을 잘 알지만 저로서는 그동안 알려진 카폰 신부님에 대한 기사를 읽지 못하였으므로 자연히 설명이 필요하리라고 생각하였습니다. 카폰 신부님에 대한 이야기는 거의 다 나왔으리라고 봅니다만 제게 가장 인상적이었던 것들을 위주로 말씀드리겠습니다.

카폰 신부님은 첫인상이 좋은 분이셨습니다. 백 살을 살아도 그 인상은 처음과 똑같을 것입니다. 그분을 처음 만난 것은 1950년 11월 말, 혹독한 추위 속에서 닷새 동안의 행군을 마친 뒤였습니다. 추위에 몸이 얼고 굶주려 피곤함에 지쳐 있던 우리는 차라리 죽는 것이 편하겠다는 생각까지 할 만큼 정신적 위기에 봉착하였습니다. 조그만 산골짜기에 도착해 숙소에 이르렀을 때, 우리 머리 위로 태양이 솟아 곧 어두운 구름이 멀리 사라졌습니다. 여기서 태양이라고 한 것은 하늘의 태양이 아니라 하느님의 사도가 따뜻이 맞아 주었다는 말입니다.

그분은 쾌활하게 웃으시며 손을 내밀더니 "내 이름은 카폰입니다. 이렇게 함께 있게 되어 기쁩니다."라고 하셨습니다. 그분의 조용하고 거침없는 태도와 마음을 사로잡는 웃음을 보고 우리는 마음이 흐뭇해졌고, 그분의 격려 말씀을 들으며 새로운 희망을 가질 수 있었습니다. 낙망과 실망의 구름은 사라지고 무겁던 가슴이 후련해졌습니다. 아프던 발도, 얼었던 손도 피곤한 몸도 그리 괴롭지 않았습니다. 우리에게 음식을 가져다주시고 자리를 깔아 주신 것은 그날 밤 그분이 베푸신 많은 친절 가운데 일부분에 지나지 않습니다. 이 사람이야말로 진정한 벗이라는 것을 알았습니다. 그래서 우리는 끊임없이 어려운 고비를 겪을 때마다 항상 신부님의 충고와 지도와 격려를 바랐던 것입니다.

그분은 우리 마음을 명랑하게 해 주셨고 사기를 돋우어 주셨습니다. 웃음이라고는 상상도 할 수 없는 상황에서도 그분은 재미있는 이야기로 우리를 곧잘 웃게 하셨고, 굶주리고 있을 때는 무슨 수를 써서라도 우리에게 끼니를 마련해 우리를 기쁘게 해 주셨습니다. 우리는 그런 그분을 다정한 의미에서 '수용소 최고의 도적'이라고 부르며 찬양하였습니다. 또 그분은 그 골짜기 아래쪽에 있는 친구들을 찾아가 시련 가운데서도 정신력을 발휘할 수 있도록 음식을 마련해 주시기도 했습니다.

2, 3월에 들어서자 우리는 거의 짐승처럼 변해 음식을 놓고 싸우는 지경에 이르렀습니다. 신경이 날카로워져 모두가 이기

적이 되고 말았습니다. 그때에도 신부님은 항상 이성적으로 행동하셨고 냉정하게 처신하심으로써 자신의 모든 도의道義와 성품을 굳게 지켜 나가셨습니다. 말하자면 인간의 한계 상황이라고 할 수 있는 어려움에 직면했을 때에도 신부님은 위대한 인간의 모범을 보이셨던 것입니다. 이런 시련에 부딪치게 되면 대개 어른과 아이, 잡초와 곡식이 구별되게 마련이지요. 물론 당시 모든 사람이 야만적이었던 것은 아니지만 신부님은 그 가운데서도 자신의 모습을 잃지 않으셨습니다.

설사병이 퍼져 모든 사람들이 그만 자리에 눕고 말았습니다. 덕이 많으신 신부님은 새벽 일찍 일어나 영하의 추위를 무릅쓰고 나무 조각을 주워다 불을 피우셨습니다. 철판 조각을 주워 손수 만드신 냄비에 물을 길어다 붓고 뜨거운 물을 끓이셨습니다. 생리 기능을 잃어버린 사람들의 옷을 벗겨 삶아서 말린 뒤 가죽과 뼈만 남은 처참한 몸뚱이에 다시 입혀 주셨습니다. 그럴 때마다 쇠약해진 우리의 심장은 한결 새롭게 뛰었고 움푹 팬 눈에는 생명의 빛이 감돌았으며 실룩거리며 고통으로 신음하던 얼굴에는 미소가 피어올랐습니다. 그때는 죽음의 기운도 사라지는 것 같았습니다. 이런 감격의 순간을 맛볼 때 사람들은 메마른 목에 감도는 아담의 유혹을 박차고 마음에 맺히는 응어리들을 눈물로 삼키면서 "신부님, 감사합니다."라고 연거푸 기도 드렸습니다.

신부님은 매일 아침 우리 옷을 빨고 우리 몸을 씻어 주실 뿐만 아니라 의미 있는 말씀을 우리에게 전해 주시어 많은 사람을 위로하고 건강을 되찾게 해 주셨습니다. 그 결과 오늘날 이 사람들이 집으로 돌아와 부모, 아내, 애인, 아이들을 다시 만나게 된 것입니다. 이 모든 이들이 모두 신부님의 이야기를 들었으리라고 확신합니다. 모든 사람들이 자랑스럽게 이렇게 말하리라고 생각합니다.

"나는 카폰 신부님을 잘 안다. 그분은 내 생명을 구해 주신 분이다. 내가 죽음에 직면해 있을 때 그분은 나로 하여금 삶과 투쟁하도록 하셨다. 사실 그 시절에는 사는 것보다 죽는 것이 훨씬 편했고 오히려 죽는 것이 더 좋은 해결책이었다. 우리가 오늘 이렇게 행복하게 살아 있는 것은 분명 그 용감하신 신부님 덕택이다. 그분은 당신의 모든 것, 당신 자신까지 다른 사람을 위하여 바치셨고 봉사하셨다. 그분은 자신도 앓고 있으면서도 다른 사람들을 위로하셨다. 그분은 지금 멀리 한국의 비좁은 돌무덤에 누워 계신다."

신부님은 국적이 다르고 종교가 다른 모든 사람들을 감격시

키셨습니다. 무신론자임을 자처하는 사람들도 마음속에 그분을 간직하고 "신부님!" 하고 다정하게 불렀던 것입니다. 교회와 종교를 떠났던 많은 사람들이 다시 돌아왔습니다. 지금 그 사람들은 반드시 성실한 신앙인으로 살고 있을 것이며 신부님을 위하여 기도하고 있을 것입니다. 설사 기도가 제대로 되지 않았다 해도 하느님께서는 그 사람들의 마음속에 신부님이 있다는 것을 잘 아실 것입니다.

이처럼 높이 평가되고 존경과 사랑을 받은 카폰 신부님이야말로 공산당에게는 큰 위협이었습니다. 공산당은 야만적으로 포로들을 대하며 자신들의 목적을 정당화하는 방법론을 선전하였습니다. 그러나 어떤 수단과 방법으로도 신부님에게만은 통하지 않았고 그들은 어쩔 줄을 몰랐습니다. 오히려 그들은 휘어지지 않는 이 신부님을 무서워하게 되었고 그분이 동료들에게 주는 힘과 영향에 몸서리쳤습니다. 온갖 야만적인 고문으로도 우리를 마음대로 할 수 없었는데, 신부님은 부드럽고 조용한 말 한마디로 우리에게 위력을 보이신다는 것을 알았으니 매우 난처하기도 했을 것입니다.

더욱이 그들은 폭동을 무서워한 나머지 신부님을 끌어내 총살하지도 못했습니다. 그래서 그자들은 정신이 이토록 굳센 신부님이 병으로 쓰러지는 날을 기다렸습니다. 그들은 신부님을 병원에 가두어 놓고는 필요한 약도 주지 않고 방치하여 돌아가시게 한 것입니다. 그자들은 그들의 뜻대로 움직이고 자신을 팔아 버린 반역자들에게만 약을 주었습니다.

생전에 만난 최고의 위인, 우리의 아버지, 어머니보다 더 사랑하는 친구, 누구의 수첩에서나 제일 첫머리에 적힐 사람, 흠잡을 데 없이 좋은 점만 가진 우리의 군종 신부님에 대한 서사시는 이렇게 끝났습니다.

그분은 모든 사람을 똑같이 대하셨고, 가톨릭이든 유대교든 개신교든 죽어 가는 사람에게는 마지막 기도를 꼭 드려 주었습니다. 사실 그들은 이 지상을 떠날 때 한결같이 그분의 축복을 원했습니다. 원한다면 누구에게나 교리를 가르쳐 주셨고 몇 사람에게는 간소한 예식으로 세례를 주기도 하였습니다. 특히 어떤 이는 가톨릭 신자인 자기의 사랑스러운 아내와 귀여운 쌍둥이 딸과 함께 성당에 나가는 날을 맞는 것이 소원이 되었고 마침내 신자가 되어 그 소식을 전했을 때 가족들이 몹시 기뻐했다고 전하기도 했습니다. 이 사람은 자기가 개종한 것이 개인적으로 아주 큰 사건이라고 말했습니다. 제가 바로 그의 대부입니다. 저 또한 그의 개종이 무척 자랑스럽습니다.

그의 대부를 섰던 다른 장교도 이 세상을 떠나고 이제 신부님도 돌아가셨으니, 그 잊지 못할 1951년 부활 주일 세례식의 기억은 이제 두 사람에게만 남은 셈입니다. 바로 그 주일에 신부님은 우리에게 고해성사를 주셨는데 성체를 영해 주지 못하는 것을 사과하며 눈물을 흘리셨습니다.

제가 보고 들은 사람 가운데 카폰 신부님은 가장 훌륭한 신부이며 영웅 중의 영웅이고 절대로 잊을 수 없는, 아버지처럼 진심으로 존경하고 싶은 분입니다.

제가 말하고 싶은 생각과 감정을 제대로 쓰지 못한 것 같아 아쉽습니다. 그러나 존경하올 톤 신부님께서도 진정한 의미에서 카폰 신부님을 영광스럽게 묘사해 내시기는 어려울 듯합니다. 찬란히 빛나는 별이며 우리의 길을 밝혀 주시던 빛을 묘사할 수 있는 말은 없기 때문입니다.

위에 적은 이야기가 신부님께 조금이나마 도움이 되기를 바라며 신부님의 편지를 받게 된 것을 무한한 영광으로 생각합니다. 앞으로 제가 도움이 될 일이 있으면 꼭 저를 찾아 주십시오. 그분의 영혼이 하느님의 축복 아래 머물기를 빕니다.

로버트 E. 버크 올림.

친애하는 톤 신부님.

카폰 신부님은 우리를 위하여 늘 저녁 기도를 드리셨습니다. "여러분, 저녁 기도입니다."라는 말씀을 건네시면 주위가 조용해지고 모두들 경건하게 "하늘에 계신 우리 아버지…… 오늘 저희에게 일용할 양식을 주시고……." 하는 신부님의 기도를 경청했습니다. 모두 아는 것처럼 저는 신부님을 빵으로 기억하게 되었습니다. 언젠가 어머니께서 제게 "애야, 빵을 소홀히 하지 말거라. 언젠가 필요할 것이다." 하시던 말씀처럼 말입니다.

기도는 대개 가톨릭 방식으로 끝을 맺고 이어 개신교 방식으로도 마무리를 지었습니다. 그분은 우리 모두에게 한결같았고 그것을 항상 행동으로 보여 주셨습니다. 죽음의 집에서 제대로 먹었으면 죽지 않았을 사람들이 생을 다해 갈 때, 마지막 예절을 꼭 행해 주셨습니다. 카폰 신부님은 또 병자들을 잘 간호하셨습니다. 그들을 위하여 물을 끓이려고 나뭇가지를 주워 오시곤 하였습니다. 우리의 설사병은 신부님의 뜨거운 물과 헌신적인 간호 덕분에 나을 수 있었습니다. 당시 그곳에선 심리적인 반동으로 도주 사건도 자주 일어났습니다. 결국 그들은 자신이 포로라는 사실을 수긍하지 못한 것이었습니다.

어느 날, 보스턴 대학생 월터 메이요에게 제가 물었습니다.

"수용소 안에 가톨릭 신부님이 계신가? 오랫동안 고해성사를 보지 못했는데 하고 싶어도 할 수 없을 것 같아." 그러자 메이요는 이렇게 말했습니다. "저기 불탄 집을 보게. 누가 불탄 자리에서 뭘 뒤적거리고 있지? 저분이 바로 카폰 신부님이야. 내가 포로가 됐을 때 그 부대의 군종 신부셨어." 저는 그가 가리키는 사람을 보았습니다. 신부님은 눈에 검은 안대를 하시고 모자를 귀밑까지 길게 내려 쓰시고 있었습니다. 정말 추운 날이었지요. 제가 가까이 가서 "신부님!" 하고 불렀더니 저를 쳐다보시며 웃으시더군요.

"저 아래 물독이 있어요. 저 안에 물을 끓여 담아 놓으면 위생적일 거요. 더러운 물을 먹지 않아도 되고 죽지도 않게 될 것입니다." 이렇게 말할 때 그분의 두 눈에 눈물이 고였습니다. 독 안에는 죽은 쥐가 한 마리 있었지만 우리에게는 대단치 않았습니다. 설사 죽은 사람이 들어 있었다 해도 상관하지 않았을 것입니다. 저는 말했습니다. "신부님, 제가 내려가서 올려다 드릴게요. 제가 더 빨리 가져올 수 있을 것 같아요."

그러고 나서 저는 바로 구덩이로 내려갔습니다. 폭격으로 지하실이 오그라들어서인지 구덩이가 좁아져서 독을 들어 올릴 수가 없었습니다. 위를 올려다보았더니 싸늘해 보이는 하늘을 뒤로하고 좁은 구멍을 들여다보시는 신부님의 표정이 어두워졌습니다.

"괜찮습니다, 신부님. 판자 몇 개와 흙을 걷어 내면 독을 그 구멍으로 꺼낼 수 있습니다." 하고 말씀드렸더니 신부님은 그것들을 치우기 시작하셨습니다. 그런데 흙이 구멍으로 떨어지는 통에 저는 반쯤 묻혀 버렸습니다. 큰 돌이 떨어지기 시작하면서 문제가 더 어려워졌습니다. 신부님은 돌 아래로 발을 넣어 그것을 막으려고 하셨습니다. 그때 신부님의 다리가 상하게 되어 다리에 피가 뭉치게 된 것 같습니다. 자꾸 떨어져 내린 돌에 독 주둥이가 반쯤 깨졌습니다. 신부님은 몹시 안타까워하셨습니다. 다른 사람을 불러 함께 구멍을 잘 치워 주셔서 저는 밖으로 나올 수 있었습니다. 오후 내내 잡동사니를 걷어 내 드디어 독을 꺼냈습니다. 생각보다는 못했지만 그래도 쓸모가 있었습니다. 신부님은 물을 끓여 이 독에 넣어 두고 앓는 사람들에게 깨끗한 물을 마시게 하셨습니다. 건강한 사람들도 가끔 땔감을 구해다 주고 그 물을 얻어 마셨습니다.

그분의 철모가 마당 한가운데서 나뒹굴고 있어서 제가 물었습니다. 아직도 앞쪽에는 하얀 십자 표시가 선명했습니다. "내가 모자를 쓰고 다니면 중공군 비위만 거슬릴 것입니다. 그러나 저렇게 쓰레기 더미 위에 굴러다니면 모두가 저것을 볼 것이고 따라서 하느님을 그들에게 기억하게 할 수 있을 것입니다. 이 쓰레기를 향하여 얼마나 많은 기도가 올려질지 생각해 보세요. 하느님은 이렇게 뜻하지 않은 방법으로 우리에게 스며들어 오고 계십니다."

철모는 추운 날도, 봄비가 오는 날도 그 자리에 있었고, 간혹 비바람에 구르고 뒤집히기도 하는 것을 저는 지켜볼 수 있었습니다. 신부님께서 돌아가신 뒤에도 모자는 그 자리에 있었습니다. 저는 모자는 부숴 버리고 십자가만 떼어 내어 숨겼습니다. 그 후 저는 그것을 뉴저지주 패터슨 엘리슨가 58번지 카폰 신부 기념 사업회에 보내 주었습니다. 그 십자가가 도착했음을 랠프 나델라가 확인해 주었습니다.

그분은 '하느님의 사람'이셨습니다. 그분은 가톨릭 신자, 개신교 신자, 이슬람 신자, 유대교 신자 모두에게 봉사하였습니다. 매일 저녁 기도를 올리고, 앓는 사람들의 옷을 빨아 주고, 고해성사를 주셨습니다. 그동안에 그분은 식량이 부족하고 옷이 없어 병이 들고 어느덧 쇠약해지기 시작하셨습니다.

그분은 마지막으로 저의 고백을 들어 주시면서 성모님께 헌신하라고 권고하셨습니다. 그렇게 함으로써 그분께서 당신 아드님 예수께로 저를 이끌어 주실 것이라고 하셨습니다. 신부님은 또 '일곱 시체'에 대한 이야기를 해 주셨습니다. 어느 어머니가 아들 일곱을 두었는데 하느님을 저버리지 않았기 때문에 모두 하나씩 죽임을 당했다는 것입니다. 그러나 어머니는 고통의 눈물을 흘리는 것이 아니라 오히려 기쁨의 눈물을 흘렸다고 하셨습니다. 그 아들들은 모두 하느님께로 갔기 때문이었습니다. 그분이 이 이야기를 우리에게 하셨을 때 그분의 눈에 이슬이 맺혔던 것을 저는 기억하고 있습니다. 그리고 신부님은 이렇게 말씀하셨습니다.

"보시다시피 저도 눈물을 흘립니다. 그러나 이것은 고통의 눈물이 아니라 기쁨의 눈물입니다. 저도 머지않아 하느님께로 갈 테니까요."

공산군이 병원으로 신부님을 데려가기 전에 신부님은 저에게 부탁을 하셨습니다. 그러나 그 부탁은 오히려 친한 친구들에게는 하지 않으셨습니다. 모두가 신부님을 추대하는 분위기였기 때문에 혹시 그들의 감정을 사지나 않을까 해서였던 것 같습니다. 그래서 낯선 해병대 장교에게 이 엄숙한 일을 부탁하셨을 것입니다. "죽음이 가까운 모양입니다. 내가 죽거든 내 무덤에 마지막 예절을 올려 주십시오." 그 후 공산군들은 순식간에 신부님을 잡아가 버렸습니다. 마침내 그분은 십자가 위의 그리스도의 고통을 안고 돌아가셨습니다.

그분의 죽음을 계기로 우리는 굳게 하나로 뭉쳤고 교파와 국적을 초월하여 모두가 공산당과 싸웠습니다. 신부님을 수용소에서 태우고 나갔던 레이 두위 중위가 카폰 신부님과 이야기를 나눈 마지막 사람입니다. 신부님은 농담처럼 "내가 돌아와서 자네의 이러이러한 점은 고쳐 줄 테요."라고 하셨답니다. 그 친구는 아직도 신부님을 똑똑히 기억하고 있습니다. 누가 카폰이라는 말만 해도 그의 눈에는 눈물이 그렁그렁해지더군요.

펠릭스 매쿨 올림.

제14장
성스러운 모습

"카폰 신부는 육체적으로 그리스도와 같아 보이기 시작했다." 이것은 1954년 1월 12일 잡지 《칼리어》에 실린 D. 맥기 소령의 놀라운 이야기다. 공군 소령으로 30개월 동안 포로 생활을 한 맥기 소령은 카폰 신부를 이렇게 말하였다.

"지금까지 내가 만난 사람 가운데 가장 위대한, 성인에 가까운 사람이었다."

유니테리언 신자인 맥기 소령은 "캔자스 출신의 제1기병사단 군목을 만나기 전까지 사실 나는 반가톨릭적인 편견을 가지고 있었다."라고 전하며 다른 포로들의 말을 빌려 "신부님은 포로들을 위하여 자기 자신을 아낌없이 바쳤다. 그는 부상병을 들것에 싣고 100마일 이상의 길을 걸었으며 무서운 협박에도 아랑곳하지 않고 항상 종교 예식을 집행하였다. 아픈 이들의 옷을 빨고 몸을 씻겨 주고 자신의 음식마저 남에게 주었다. 종교와 상관없이 사람들을 돌보았고 그렇게 좋아하던 담배까지도 나누어 주었다."라고 전했다.

소령은 공산당이 신부를 어떻게 박해했는지 말하면서 이렇게 덧붙였다.

"군목의 모습에 차츰 이상한 변화가 생기더니 육체적으로 그리스도와 같아 보이기 시작하였다. 살이 빠질수록 그의 모습은 수난자처럼 보였고 길고 덥수룩한 머리와 수염은 실제로 적갈색으로 변했다. 이는 어느 한 사람의 착각이 아니었다. 시간이 흐를수록 사람들에게 점점 더 그렇게 불리어서 그를 보고 그리스도와 같다고 놀리기까지 하였다. 그럴 때마다 신부님은 당황한 얼굴을 하곤 했다."

소령은 카폰 신부의 최후를 이렇게 말하였다.

"신부님의 다리 정맥이 상하여 응혈증凝血症을 일으켰다. 병원에 가 군의관 두 명의 진찰도 받았다. 그들은 신부님을 수술하게 해 달라고 중공군에게 사정하였지만 거절당했다."

'죽음의 계곡'이라고 불린 운산과 벽동 사이의 임시 수용소에서 카폰 신부와 함께 있었던 크리스티 일등 상사는 카폰 신부를 이렇게 말하였다.

"이기심을 찾아볼 수 없던 카폰 신부님에게 개신교 신자와 가톨릭 신자는 매한가지였습니다. 누구든지 똑같이 친절하게 대하셨습니다. 날씨가 매우 추워졌을 때엔 저에게 옷을 벗어 주시기도 했습니다. 사람들이 비루해질 때 그분은 더 친절하셨습니다. 시간이 점점 흐를수록 모든 것이 다 험악하게 변해 갔지만 그럴수록 신부님은 더욱 친절해지셨습니다. 임종하기 얼마 전에 카폰 신부님은 긴 수염을 달고 계셨는데, 사람들은 그분이 그림에서 본 그리스도와 같아 보인다고 하였습니다."

그 후 다른 사람들도 역시 카폰 신부의 그리스도다운 친절과 외모에 대하여 위와 같은 증언을 하였다. "항상 경건한 마음으로 그분에 대한 기억을 간직할 것"이라는 말이 그를 아는 사람들이 흔히 하는 찬사였다.

AP통신 기자 프랭크 노엘은 캐럴 주교에게 포로수용소에서 카폰 신부가 보여 준 인자한 태도를 진지한 말투로 전했다 (그도 그곳에 함께 수용되어 있었다). 특히 성스러운 군종 신부의 굽힐 줄 모르는 희생정신과 온갖 도구를 만들어 내는 그의 남다른 재주에 대해서도 덧붙였다. 그는 교묘한 방법으로 미군 포로들에게 자행된 학대에 대해서도 설명하였다.

"공산당은 아주 음흉해서 사람을 직접 끌어내 죽이지는 않았다. 그 대신 영양실조가 되도록 방치한 뒤 약도 주지 않고 심리적인 형벌을 가해 결국 같은 결과를 노렸다.

염분鹽分 부족은 가장 가혹한 일이었다. 나는 사람의 몸이 그처럼 염분에 굶주려 할 줄은 몰랐다. 담배가 끊기면 며칠만 고생하면 된다. 설탕 부족은 우리 몸에서 그리 심하게 느끼지는 않으며 커피 같은 것은 문제도 안 된다. 그러나 염분이 결핍되면 각기병과 온갖 궤양에 걸린다.

카폰 신부가 만일 기본적인 치료라도 받았더라면 죽지 않았을 것이다. 군목은 무엇보다도 두 가지 타격을 받았다. 모든 포로들 가운데서도 그는 가장 안 좋은 대우를 받았다. 공산당의 이론을 거부하는 포로는 말로 표현하기 힘들 정도로 좁은 독방에 수감되었다. 사람이 제대로 설 수도 없고 앉을 수도 없는 곳이었다. 나는 이것을 뼈저리게 경험했다."

메이요 중위는 이렇게 말한다.

"그는 항상 사병 포로들 사이에 끼어 있었습니다. 죽어 가는 사람들에게 마지막 기도를 올려 주었고 공산당의 허가가 있든 없든 죽은 사람을 반드시 묻어 주었습니다. 공산군 통역으로 성공회 대학을 나온 사람에게 우리는 신부라고 불렀는데 이것이 화근이 되어 그가 쫓겨났습니다."

제7보병연대 소속의 군의관 이센스텐 대위는 카폰 신부의 최후를 이렇게 말했다.

"저는 유대교 신자지만 종파 여하를 막론하고 그가 위대했다는 것을 잘 알고 있습니다. 4월 중순쯤 카폰 신부님의 다리가 부어올랐습니다. 걸어 다니기는 하였지만 매우 고통스러워했습니다. 그렇게 2주일이 지나고 나서야 저를 찾아왔습니다. 제가 보니까 일종의 응혈증이었습니다. 다리를 쉬게 하라고 타일렀습니다. 2, 3주 경과하자 부기가 가라앉았습니다. 그가 죽기 열흘 전만 해도 설 수 있었고 몇 걸음 옮길 수도 있었습니다. 그러나 사나흘 후 신부님은 이질에 걸렸고 그것이 낫고 나니 이번에는 가슴 통증과 함께 열이 났습니다. 폐렴이었습니다.

이를 빌미로 중공군은 끝내 우리의 손에서 그를 빼앗아 병원으로 데리고 갔습니다. 신부님은 그곳에서 돌아가셨습니다. 물론 저는 앤더슨 대위만큼은 카폰 신부님에 관해서 모르지만, 충심으로 그를 존경합니다. 카폰 신부님은 위대한 정신적 지도자였고 우리에게 커다란 도덕적 기준이 되어 주었습니다."

앤더슨 대위는 카폰 신부와 같은 대대에서 복무하였고 같은 전투에서 포로가 되었다. 가톨릭 신자가 아닌 그는 신부에 대하여 이렇게 말한다.

"그는 인간이라기보다 영웅이요, 성인입니다. 카폰 신부는 소박하고 우직한 사람이었습니다. 왜 저런 일을 할지 의심스러울 정도였습니다. 그자들이 신부님을 죽음의 계곡으로 데려가던 날 그분이 당한 고통은 이루 말로 할 수 없었을 것입니다. 얼굴은 조용하고 목소리는 부드러웠습니다. 그러나 저는 의사로서 그의 고통을 짐작할 수 있었습니다. 그는 워낙 사적인 면이 없는 사람이고 자신의 안전이나 위안을 생각하지 않는 사람이었습니다. 그는 오직 자기의 윤리와 도덕의 법칙이 이르는 것만 행하였습니다.

그는 자신의 안전에도 크게 신경 쓰지 않았습니다. 하느님께서 그에게 전쟁의 희생자를 거들어 주라고 하시는 한 자기에게는 아무 위험도 일어나지 않는다고 생각했습니다. 포로가 되기 전후로 그의 마음이 조금도 흔들리지 않았다는 점이 병사들의 사기를 높였습니다. 늘 희망에 찬 말을 하고 남을 돕는 일에 헌신하였기 때문에, 포로 생활 동안 사기가 떨어진 동료들에게 큰 감화를 주었습니다. 병원으로 끌려갈 때 그는 자신이 죽으리라는 것을 알았지만 미소를 머금고 떠났고 주위에 늘어선 사람들에게 손을 흔들어 주었습니다. 분명 고통스러웠을 텐데도 아프다는 말을 입 밖으로 꺼내지 않았습니다.

　제가 아는 한 신부님은 남을 책망한 적이 없었습니다. 그가 죽었을 때 우리는 모두 무엇을 잃어버린 듯 허탈했습니다. 그는 공산주의를 싫어했고 또 공산 사상 때문에 벌어진 일을 싫어했습니다. 그러나 중국인을 미워하지는 않았습니다. 수용소를 떠날 때만 해도 그는 매서운 뱀눈을 한 중공군 책임자에게 그동안 자기가 한 일 가운데 잘못된 점이 있으면 용서해 달라고 하였습니다. 이런 녀석이 용서를 청하는 카폰 신부의 심중을 알 수는 없었을 것입니다. 자기를 포로로 잡은 적을 미워하지 않는다는 것은 분명 쉬운 일이 아닙니다. 카폰 신부님은 진정으로 깊은 존경심이 우러나는 분입니다."

　카폰 신부님의 훌륭한 업적을 기리고자 기념비를 세우기로 맹세한 포로들은 자체적으로 10인 위원회를 조직하였다. 그 가운데 한 사람이 군의관 앤더슨인데, 그 역시 부상병을 치료하기 위하여 자진해서 포로가 되었으면서도 이를 입 밖에 내지 않았고, 또 동료 포로들이 자신의 용기와 헌신에 대하여 높이 칭찬한 것에 겸손하게 행동했다.

윌리엄 아놀드 주교는 뉴욕에 있는 가톨릭 군목 인사처의 1953년 11월 발행 연간 보고에 카폰 신부에 대한 아름다운 헌사獻詞를 발표했다.

압록강가의 생명……

1년 전 보고에서 위치토 교구의 에밀 카폰 신부에 대한 최후 소식을 알린 바 있다. 그가 전쟁 포로로 잡힌 것은 1950년 11월 3일이었다. 함께 잡혔던 병사들 가운데 20여 명은 도망쳐서 UN군 전선으로 돌아왔다. 그들 말에 의하면 카폰 신부도 함께 올 수 있었으나 그는 스스로 포로가 된 형제들과 함께 있는 것을 택했다고 한다. 그가 자기에게 닥칠 운명을 몰랐다고 할 수는 없다. 공산당의 술책에 그는 이미 상당한 지식을 가지고 있었다. 그러나 그는 병사들과 함께 용감하게 죽음의 행진을 계속하였다. 제대로 먹지도 입지도 못하고 언제 이 쥐구멍 같은 수용소에 다다를지도 모른 채, 그는 냉혹한 겨울날에 병사들과 함께 북으로 북으로 무거운 걸음을 옮겼다.

그들이 마침내 아북극亞北極에 위치한 수용소에 이르렀을 때 카폰 신부는 감금된 병사들과 함께 있게 된 것을 기뻐했다.

그는 모든 생활에서 결핍을 경험했다. 그가 정신적 지도자임이 알려지자 그는 심한 조롱을 당하고 벌을 받았다. 하지만 그는 종교 의식을 집행하여 마침내는 포로가 된 동지들의 신앙심을 북돋아 주었고 또 머지않아 석방되리라는 희망을 갖게 하였다.

그를 잊지 못하는 벗들과 함께 그는 무덤 속에서 하는 것과 같은 생활을 여섯 달 동안 이어 나갔다. 그는 점점 몸이 쇠약해졌다. 동료들은 그가 점점 자기들에게서 멀어져 가는 것을 지켜보았다. 그가 일어서지도 못하게 되자 적은 그를 자신들의 병원으로 이송하기로 결정했다. 카폰 신부는 귀중한 물건을 가지고 있었다. 전쟁터에서도 항상 가슴속에 지니고 다니던 성합과 성유 그리고 동료들에게 복음을 전해 주던 미사 경본이 있었다. 그는 성합을 나델라 대위에게 맡겨 군목 인사처에 반환해 달라고 부탁하였다.

압록강 근처에서 인내에 인내를 거듭하는 동안 대위는 이 성합을 조심스레 보관하고 있다가 한 달여 전 비로소 판문점 자유촌을 거쳐 가지고 왔다. 그리고 바로 몇 주일 전에 드디어 우리의 손에 성합이 들어왔다. 대위의 말에 의하면 카폰 신부는 1951년 5월 어느 날, 고통과 고독 속에서 아무 도움도 받지 못한 채 이 세상을 떠났다고 한다. 이 성합을 받았을 때 우리는 마치 폴리카르포나 이레네오의 피 묻은 손에서 성유해를 받는 기분이 들었다. 순교자의 피는 진정 그 부서진 금 그릇에 흘렀을 것이다.

우리의 또 한 명의 순교자는 자신의 양들을 위하여 생명을 바쳤다. 카폰 신부의 육신은 병원 근처의 어느 공동묘지에 비석도 없이 누워 있다. 그러나 그의 용감하고 거룩한 영혼은 하느님을 영원히 포옹하고 있을 것이다.**

** 70여 년 만에 미국 하와이 국립 태평양 기념 묘지에 안장된 신원 미상 참전 용사 유해에서 카폰 신부의 유해를 찾아 지금은 가족들의 품으로 돌아간 상태다. ― 역자 주

제15장

가시철망을 쓴 그리스도

사람들은 애석해하며 6·25 전쟁 중에 포로가 된 군인들의 그 잔인한 운명을 안타까워했다. 그러나 미군 포로들이 받아야 했던 학대에는 관심을 두지 않았다. 포로들의 수용소는 더러운 오두막이었고 음식은 짐승에게나 걸맞은 것이었다. 물론 약도 없었고 위안을 받을 수 있는 그 어떤 것도 없었다. 그중에서도 포로들이 매일 공산당의 세뇌 교육을 받아야 했던 것은 누구도 생각지 못한 일이었다. 랠프 나델라 대위의 말에 의하면 매일 오전 8시부터 12시까지 또 오후 2시부터 5시까지 공산주의 철학을 공부하였다고 한다. 더욱이 미국의 경제 및 기타 사회 문제에 대한 비난을 밤낮으로 들으니 쇠약해진 그들이 여기에 굴복하지 않고 버텨 나가는 데는 참으로 강한 마음과 굳은 신념이 필요했을 것이다.

사랑하는 가족과 너무 오래 떨어져 있어야 했던 것 또한 그들에게는 커다란 고통이었다. 3년 동안 본국에서 보낸 격려의 엽서, 편지를 받을 수 없었던 것이다. 포로들에겐 자기가 살아 있다는 소식을 전하는 것조차 금지되어 있었다. 오직 매일 똑같이 무감각하고 단조로운 일과가 되풀이될 뿐이었다. 기상, 점호, 보리밥 두 끼, 공산주의 강의 그리고 불안한 하루를 마감하는 취침이 전부였다.

마침내 UN 대표국과 공산군 사이에 휴전의 기운이 보였다. 휴전 회담 준비로 수개월을 끌더니 마침내 협정이 성립되었다. 회담이 언쟁과 난항을 거듭하는 동안 귀환할 미군 포로 수는 보고마다 달랐다. 마음을 졸이며 그들이 돌아오기를 고대하던 가족들은 저마다 기다리는 사람이 정신적, 육체적 끈기로 공산당의 학대를 이겨 내 주기만을 바랄 뿐이었다. 드디어 기쁜 휴전의 날이 왔고 포로 교환을 위한 담판이 시작되었다. 그리고 귀환 용사를 맞아들일 자유촌이 설치되었다. 음식, 의류, 약 등 온갖 필요한 것을 풍족하게 준비해 놓고 지치고 약해진 그들을 다시 자유의 품으로 맞아들이기 시작했다. 포로 교환이 시작되자 수백만의 미국 국민은 살아 돌아오는 용사들의 이름을 확인하기 위해 라디오에 귀를 기울였다. 아나운서가 명단을 발표할 때마다 돌아오는 사람의 가족들은 말할 수 없는 기쁨에 들떴고, 그렇지 않은 가족들에겐 슬픔과 쓰라린 절망이 서렸다.

에노 카폰 부부는 그만 비탄에 잠기고 말았다. 부부가 지극히 사랑했던 그 아들은 항상 이상적인 모습을 보여 주었고 단 한 번도 근심을 끼친 적이 없었다. 그는 학생 때나 성직자가 되어서나 군대에 가서나 한결같이 부모님에게 많은 편지를 올렸다. 그러나 1950년 10월 이후 2년이 지나도록 별다른 소식이 없었기 때문에 부부는 아들이 전장에서 삶을 다했을지도 모른다고 생각했다. 그러면서도 부부는 희망을 버리지 않고 캔자스 농촌 길가에 있는 우체통을 날마다 찾아가 아들의 소식을 기다렸다. 그러나 마침내 아들의 죽음을 알리는 전보가 도착하고 말았다.

전투 중 행방불명으로 보고되었던 귀하의 아드님 에밀 카폰 군목(대위)에 대하여 말씀드립니다. 카폰 군목은 1951년 5월 5일 북한 벽동에서 사망하였습니다.

그들은 비통에 젖어 버렸다. 그들의 가슴에는 어두운 비애의 그림자가 드리워졌다. 아들의 소식을 학수고대하는 동안 카폰 부부는 십자가의 그리스도에게 위안을 받았다. 하지만 그리스도는 참으로 이 부모의 어깨에 십자가를 지웠던 것이다. 그러나 비애와 설움의 구름은 인간이 받을 수 있는 가장 거룩한 기념물로 서서히 걷히고 있었다. 카폰 신부가 살아 있을 때 '그리스도처럼 말하고 행동하고 또 그리스도처럼 보였던' 것을 기억하며 그에게 감사하는 병사들이 그를 기리는 십자가상을 만들었던 것이다. 남북 전쟁 때의 에이브러햄 라이언 신부, 뉴욕 출신의 제69 전투 부대의 더피 신부, 돌체스터 함상에서 침몰한 영웅적인 네 군목을 기념하는 아름다운 교회당 등 군목에게 바친 아름다운 기념비는 많다. 이 기념물들은 물론 진실한 위인들에게 바친 것이기는 하나, 카폰 신부에게 바쳐진 이 간결한 기념물에 비하면 무색해지고 만다. 포로수용소라는 척박한 환경에서 구상하여 만들었지만 그 무엇보다도 훌륭한 십자가상이었다.

이 거룩한 십자가상은 포로 교환 마지막 날 신부의 네 친구가 자유촌으로 가지고 왔다. 바로 랠프 나델라 대위, 조지프 오코너 대위, 폴 O. 도우드 중위, 펠릭스 매쿨 해병 준위였다.

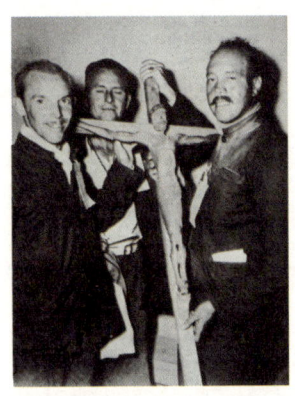

자유촌으로 십자가상을 가지고 온 조지프 오코너 대위, 펠릭스 매쿨 중위, 랠프 나델라 대위

이들은 청색의 널찍한 포로 옷을 입고 함께 걸어왔다. 3척 길이의 십자가상은 나델라 대위가 들고 왔다. 여러 사람들이 그가 카폰 신부 사후에 기도회를 맡아 보았던 성실함을 기억한 덕분에 그는 이 특전을 누린 것이다.

평신도 나델라는 공산당에게 카폰 신부 못지않은 미움을 받았다. 나델라는 같은 무렵에 포로가 되어 신부이며 영웅인 카폰이 죽는 날까지 그와 함께 지냈다. 신부는 자신에게 마지막이 왔음을 알고는 나델라에게 수용소 안에서의 기도회, 특히 묵주 기도와 미사 경본 봉독을 부탁하였다. 나델라는 약속한 바를 성실하고 신성하게 이행하였다. 비록 모두 종교가 다르고 믿지 않는 사람도 있었지만 모두 그에게 협력했다. 결국 죽은 신부를 존경하고 그를 기억하는 마음이 그들을 하나로 뭉치게 한 것이다.

이들은 카폰 신부에게 바치는 뜻으로 십자가상을 조각하기로 결정하였다. 조각은 해병대 소속 전투기 조종사 제럴드 핑

크 소령이 맡았다. 핑크는
유대교도로서, 카폰 신부
를 무한히 존경하였다. 나
델라는 최근의 편지에서
이 귀중한 기념품에 대해
이야기하고 있다.

제럴드 핑크가 수용소에서 만든 십자가상

    땔감으로 조각한 이 십자가상은 제럴드 핑크가 두 달 반에 걸쳐 완성하였습니다. 이 일을 시작하기에 앞서 제럴드는 우선 연장을 만들어야 했습니다. 칼은 못 쓰는 군화의 징으로 만들었고, 끌은 낙수 파이프를 묶은 쇠로 만들었으며 나무망치도 만들었습니다. 나무는 땔감으로 쓰는 재목 더미에서 며칠을 두고 고른 것입니다. 상의 높이는 26인치 정도 되는 작은 떡갈나무며 십자가는 높이 40인치 정도의 앵두나무입니다. 가시철사는 가시 면류관을 의미하며 낡은 전기 줄로 만들었습니다. 우리는 이것을 '가시철망을 쓴 그리스도'라고 이름 붙였습니다. 조각은 물론 감시병의 눈을 피해 틈틈이 이루어졌습니다.

    이 상을 만든 뒤로는 기도회 때마다 그것을 천장에 매달았습니다. 어떤 중공군은 존경의 뜻을 보였고 어떤 사람은 그저 놀라 할 말을 잊기도 했습니다. 중공군은 제가 십자가상을 가지고 나오는 것을 허락하지 않았고 우리는 이 때문에 한동안 옥신각신하였습니다. 그들은 상부에 문의한 뒤 비로소 이를 허가해 주었습니다.

이 영웅적인 친구들이 서로를 칭찬하는 것은 참으로 기특한 일이다. 제럴드 핑크는 나델라에 대하여 이렇게 말한다.

"그는 늘 유익한 일을 하였다. 잘 울리는 나무를 고른 뒤 공산군에게서 훔친 튜브를 달아 청진기를 만들었는데 의사가 이것을 매우 유익하게 썼다. 랠프는 또 한국산 코르크를 구해서 군화에서 잘라낸 가죽과 스웨터의 털실을 뽑아 야구공도 만들었다. 공을 여섯 개나 만들고 나니 낡은 군화는 하나도 남지 않았다. 한번은 취사장용 손수레를 만들었는데 중공군이 그만 가져가 버렸다. 그는 내가 만난 사람들 가운데 가장 훌륭한 크리스천 장교다. 포로수용소 안에서 적의 반대를 무릅쓰고 신앙을 실천한 것을 보면 그는 참으로 진실한 인간이다."

물론 핑크 역시 손재주가 있었다. 어느 포로는 전투 중에 다리를 잃은 대령에게 핑크가 목발을 깎아 주었다고 말했다. 야구방망이도 깎아서 만들었던 그는 원시적인 연장으로 십자가상 전신을 열심히 조각해 낼 수 있을 만큼 능란한 조각 기술을 가졌다. 그는 여러 면에서 빛나는 업적을 보여 주었다. 주목할 만한 사실은 이 훌륭한 군인이 카폰 신부를 1953년 10월 31일 자로 예수회 신학 협회에 등록해 다음과 같은 회원 증서를 카폰 신부의 부모님께 보냈다는 점이다.

> 예수회 시카고 관구 신학 협회의 영구 회원 자격을 에밀 카폰 신부에게 부여함을 증명한다. 그는 본 협회의 영신적 혜택을 영구히 받을 것이다.

이 회원증과 협회 이사 맥브라이드 신부의 친서는 유가족에게 커다란 위안을 안겨 주었다.

공산군이 신부를 소위 병원으로 데리고 갈 때 그는 영대와 성유를 가지고 갔다. 그는 이것들이 필요할 것이라고 생각했다. 원통형의 금속 용기에 든 성유는 세 종류로, 죽어 가는 사람을 위한 것도 들어 있었다. 영대는 2, 3인치 넓이의 긴 헝겊으로, 신부가 성사를 줄 때 어깨에 걸치는 것이다.

신부가 포로가 되기까지 몇 달 동안 몸에 지니고 다니던 성합은 성체를 넣는, 금으로 만든 작은 그릇인데, 나델라 대위와 그 친구들이 잘 감추어 두었던 것을 중공군에게 들켜 빼앗기고 말았다. 그 후 중공군 수용소 사령관의 딸이 이것을 가지고 노는 것을 발견하고 가져오려 했으나 결국 실패로 돌아갔다. 항의가 이어지자 중공군은 마침내 그것을 일정 시기에 돌려주겠다고 약속했다. 그 성합은 최후의 포로가 수용소에서 떠나기 직전 돌려받았다.

그것을 나델라, 오코너, 도우드, 매쿨 네 사람이 자유촌으로 가져온 것이다. 그들은 자유촌에 도착하자마자 고해성사를 보았고 미사에도 참례해 자신들이 가져온 성합에서 성체를 받아 모셨다. 그 성합은 미국 종군 신부들의 지도자인 프랜시스 스펠만 주교에게 전달되었다. 이 순교자의 또 하나의 유물은 수용소에서 쓰던 작은 기도서다. 오코너 대위는 이 기도서에서 십자가의 길 제5처를 펼쳐 시몬이 예수를 도와 십자가를 지고 가는 구절을 읽고 이렇게 말했다.

"이는 카폰 신부와 꼭 어울리는 구절이다."

제16장

훈장

이와 같은 큰 찬사를 마침내 정부가 공식적으로 시인하였다. 1950년 9월 2일 카폰 신부는 동성 훈장을 받았고 1951년 8월 18일에는 수훈 십자 훈장을 받았다. 두 개의 훈장은 그가 6·25 전쟁에서 뛰어난 영웅성을 발휘한 데 따른 것이었다.

1952년 10월 어느 날 9시, 위치토 교구의 마크 캐럴 주교는 카폰 신부가 소년 시절 미사를 드리던 필센의 성당에서 미사를 올렸다. 성당에는 빈틈없이 사람들이 들어찼고 캔자스주 포트 라일리에서 군종 신부 두 명이 와 미사를 도왔다. 미사 직후 조지 슈바르츠 중령이 미국 정부를 대리하여 두 종류의 훈장을 수여하였다.

제1기병사단 본부
1950년 9월 2일

동성 훈장 수여

대통령 각하의 명에 따라, 고시告示 9419호에 의거하여 동시에
AR 600-45 규정의 권한으로 동성 훈장을,
적과의 군사 작전에서 드러난 영웅적 공적에 대하여
아래 장교에게 수여한다.

군목(대위) 에밀 J. 카폰. 군번 0558217, 미군 군목단 소속.

그는 제1기병사단 제1연대 본부 중대에 배속되어 1950년 8월 2일 한국 금촌 부근에서 벌어진 전투에서 용감한 행동을 보여 주었다. 제1대대 왼쪽으로 드러난 위치에 부상병이 있는데 들것이 없어 이동하지 못하고 있다는 정보를 듣고 카폰 군목은 곧 장교 한 사람을 데리고 전선으로 나아가 제1대대장과 연락하여 부상병의 위치를 알렸다. 개인의 안전은 전혀 고려하지 않고 군목과 동행 장교는 부상병을 찾아갔다. 도중에 적의 기관총과 소총 사격이 격심하였다. 그러나 카폰 군목은 그 부상병을 성공적으로 구출해 냈고 생명을 구했다. 카폰 군목의 이러한 영웅적 행위는 실로 그의 명예인 동시에 군대의 명예다.

육군 소장 가이

미 제8군 사령부
1951년 8월 18일

수훈 십자 훈장 수여

대통령 각하의 명에 따라, 1918년 7월 9일 자 승인의 국회법
규정에 의거하여 동시에 AR 600-45 규정의 권한으로
전투 중에 보여 준 특출한 영웅성에 대하여 아래 장교에게
극동 총사령관 명의로 수훈 십자 훈장을 수여한다.

에밀 J. 카폰 군목(대위), 군번 0558217.

카폰 신부는 제1기병사단 제8연대 본부 중대원으로서, 1950년 11월 1일과 2일 한국 운산 부근 전투에서 특출한 영웅성을 보여 주었다. 당일 오후부터 36시간 동안 연대는 원형 진지를 침공하려던 적의 무자비하고 광적인 침공을 받고 있었다. 날이 밝기 전 적은 방어진을 뚫고 쳐들어왔고 바로 구호소 옆에서 육박전이 벌어지게 되었다. 카폰 군목은 개인의 안전은 전혀 고려하지 않고 부상병을 찾아다니며 치료를 했고 그들의 공포를 덜어 주었다. 이 용감한 태도는 현장의 장병들에게 격려가 되었고 공포에 사기를 잃고 있던 이들에게 용기를 주어 끝까지 버틸 수 있게 하였다. 전투가 계속됨에 따라 부상병의 수는 늘어 갔다. 남은 장병으로 적의 포위를 격파할 수 없을 형편이었다. 마침내 11월 2일 잔여 병력으로 포위진을 돌파하라는 명령이 내려졌다. 이때 카폰 군목은 위험하다는 것을 알면서도 스스로 원하여 뒤에 남았고 끝까지 부상병을 치료하고, 죽어 가는 사람들에게는 마지막 병자성사를 주었다. 이 전투에서 드러난 카폰 군목의 뛰어난 영웅성은 그의 위대한 명예이며 나아가서는 미군 최고의 전통과 일치하는 것이다.

육군 대장 밴 플리트

수여식에 이어서 캐럴 주교의 말이 있었다.

"우리는 미국 정부와 미국군의 저명한 인사에게 6·25 전쟁에서 카폰 신부가 보여 준 특출한 영웅성을 찬양하는 두 개의 훈장을 받기 위하여 오늘 아침 이 성당에 모였습니다. 이 훌륭한 명예를 미국 대통령께 받고 나니 마음이 무겁습니다. 우리는 카폰 신부가 이 자리에서 직접 이 훈장들을 받았다면 얼마나 좋을까 생각합니다. 물론 이 포상은 카폰 신부에게 주어진 것이지 우리에게 주어진 것은 아닙니다. 그러나 우리도 간접적으로나마 영예를 누릴 수 있는 것을 기쁘게 생각합니다. 제가 카폰 신부의 사랑하는 부모님을 대신하여 이 뜻깊은 포상을 받게 된 것 또한 평생 잊을 수 없는 특전으로 생각할 것입니다.

아시다시피 카폰 신부는 1950년 11월 2일 한국 전선에서 자취를 감추었습니다. 그 후 그가 중공군의 포로가 되었다는 소식 외에는 그의 생사조차 알 길이 없었습니다. 그의 사랑하는 부모님으로서는, 말할 수 없는 서러움과 초조함과 근심보다 확실히 죽었다는 소식이 오히려 견디기 쉬웠을지도 모릅니다. 그분들의 고통스러운 기다림과 비탄은 무엇으로도 감할 수 없었습니다. 그 누구의 도움도, 제아무리 귀한 말도 그분들을 위로할 수는 없었습니다. 물론 오늘 받은 이 고귀한 포상도 사실은 그분들에게는 아들을 잃은 것에 대한 보상이 되지는 못할 것입니다.

여러분! 우리는 모두 전선에서 싸우는 용감한 장병들의 혜택을 받고 있습니다. 그들은 역사가 뱅크로프트가 말한 바와 같이 우리 국민 생활의 결구結構 안에 커다란 기둥을 세우기 위하여 전사한 것입니다. 이렇게 지고한 희생을 감수한 모든 장병들에게 우리는 경건한 마음으로 경의를 표합니다. 동시에 그들과 함께 의무에 충실하여 진리와 평화의 대의에 엄숙히 헌신함으로써 생명을 바친 그리스도의 병사, 우리의 군목에게도 경의를 표합니다.

지난 2년 동안 우리는 눈물과 기도로 오늘 카폰 신부가 받은 훈장을 고귀하게 하였습니다. 우리 정부와 군 당국의 포상은 비록 인간의 생명에 비하면 작은 답례라고 할 수 있겠지만, 미국 대통령으로서 할 수 있는 최고의 표창일 것입니다. 그러므로 이 영광스러운 명예가 서거한 군목의 부모님을 위안하고 위로할 것으로 확신합니다.

적의 손에 혹은 전선에서 죽은 젊은 군목을 새삼스럽게 찬양하지는 않겠습니다. 다만 오늘의 이 사실이 카폰 신부의 공훈에 찬란한 영광이 될 것입니다. 자진하여 포로가 된 그 용감한 행동을 제가 어찌 묘사할 수 있겠습니까? 카폰 신부는 단순하고 소박한 성직자로서 그리스도의 정신을 지니고 있었습니다. 그리스도께서는 하느님의 잃어버린 양을 찾기 위하여 이 세상에 오셨습니다. 이와 똑같이 카폰 신부는 미국 군대의 군목으로 한 번이 아니라 두 번이나 입대하였습니다. 그리스도는 적의 손으로 십자가에 못 박혀 돌아가실 때 그분의 사명을 완수하셨습니다. 카폰 신부는 한국에서 불 뿜는 적의 총탄 아래서 사라졌습니다. 그가 도망칠 수 있었는데도 병사들과 남았던 것은, 그만큼 그가 자신의 양 떼를 사랑하였기 때문입니다. 그가 일생 동안 한 강론만으로는 이와 같이 성직을 존중하는 태도를 보여 주지 못했을 것입니다.

카폰 신부는 바로 하느님의 사업을 하면서 사라진 것입니다. 그는 수용소에서 공산당의 증오로 자기 의무가 박탈당하자 무릎을 꿇고 묵주 기도를 함께 올렸습니다. 그는 그의 민첩한 마음과 너그러운 가슴속에 그리스도를 간직하고 있었고 그의 성스러운 지성을 전적으로 하느님의 사업에 바쳤습니다. 이러한 그의 자발적인 용감함은 곧 스스로에 대한 완전한 헌신이며 동시에 자기의 성직 내지 자기의 최선에 대한 헌신이 되었던 것입니다.

　그렇게도 하느님을 기쁘게 하고 친구를 감화시키고 모두에게 사랑받던 카폰 신부를 잊으라는 것은 너무도 가혹한 일입니다. 그의 부모님과 그를 고향의 아들로 여기는 선량한 필센 사람들의 설움 또한 이해할 수 있습니다. 우리는 지난 2년 동안 그의 거처에 대한 소식을 고대하였기 때문입니다. 그러나 그동안 우리의 설움은 신앙적인 감화에 스며들게 되었습니다. 카폰 신부가 의무에 충실하였다는 사실을 기억하며 우리의 슬픔은 조금이나마 가벼워졌던 것입니다. 카폰 신부는 갔지만 우리는 그의 영생을 확신합니다. 또한 그의 짧았던 성직의 생애가 참으로 의미 있고 완전하게 성취된 것에 우리는 오직 성스러운 기쁨을 갖게 됩니다.

　한편 가톨릭 성직을 유달리 사랑하여 몸소 진정한 신자 가정을 이루신 카폰 신부의 부모님께 동정을 금할 길이 없습니다. 인자하시고 너그러운 마음으로 아드님을 하느님의 사업에 바치셨습니다. 그리고 카폰 신부가 6·25 전쟁에서 돌아올 수 없는 사람이 된 시기가 영원한 사도이신 예수 그리스도께서 영광스러운 생애를 마치신 때와 비슷하다는 점이 저에게는 커다란 위안이 됩니다.

많은 성직자들이 수십 년 동안 매일의 의무에 최선을 다하기 위해 또 선량하고 성실한 삶을 살기 위해 노력을 기울여 왔습니다. 그러나 몇 해가 지나고 나면 결국 우리의 무한한 사업에 비하여 자신들이 평범하였다는 것을 뉘우칩니다. 그런데 카폰 신부는 하느님의 부름을 받은 10년 동안 부단히 노력하고 그리스도를 본받아 그가 돌보던 사람들을 위하여 영광스럽게 생명을 바쳤습니다. 사람들은 이를 두고 비극이라고 여길지도 모릅니다. 물론 세속적인 의미에서는 그렇게 볼 수도 있겠지만 영생이라는 면에서 볼 때 그의 운명이 부러워지기도 합니다. 시간의 제한을 받는 모든 것은 하느님의 손에 있으며, 이러한 하느님의 사업이 바로 우리의 사업입니다. 에밀 카폰 신부는 말하자면 하느님의 특별한 사랑을 받았습니다. 그는 젊은 성직자로서 행복했고 열정적이었으며 영적 세계를 찾아 전진하는 사람이었습니다. 그러다가 그 절정에서 그는 고난과 죽음을 맞으며 자신의 모습을 감추었습니다. 죽을 때까지 순종한 그의 덕을 본 신자라면 누구나 하느님을 찬양할 것입니다.

끝으로 여기에 어느 군인의 간곡한 헌사를 여러분과, 특히 카폰 신부의 부모님과 함께 읽겠습니다. 이것은 카폰 신부를 사랑하는 어떤 이가 바치는 찬사입니다. 오늘 미국 군 당국이 훈장을 수여하는 이 자리에서 우리가 할 수 있는 최고의 표현일 것이라고 믿습니다."

캐럴 주교는 카폰 신부의 생포를 알려 주는 첫 서신인 어네스트 리터 하사의 편지를 읽고 나서 말했다.

"에밀 카폰 신부여! 당신의 주교로서 나는 당신의 의무에 대한 헌신이 이처럼 올바로 시인된 이날 당신을 경축하는 바입니다. 어디에 있든 당신은 우리의 사랑과 기도를 받을 것입니다. 우리는 당신의 훌륭한 규범과 성직의 이상에 닿으려 충실히 노력한 모습에 고마움을 느낍니다. 우리는 당신이 주님의 품에 있으리라는 것을 압니다. 설사 살아 있지 않다 해도 이미 당신은 병사들 사이에서 천사였으니 하늘나라에 있을 것입니다. 살아 있다면 성모 마리아의 묵주와 함께였을 터이니 반드시 편안하시리라 믿습니다.

존경하는 장교께서 군 당국과 정부를 대신하여 오늘 이 자리에 참석해 주신 데 대하여 감사드립니다. 오신 사명이 안타깝고 서러운 것이기는 하지만 당신이 군인으로서 카폰 신부의 용맹함을 추상推尙함으로써 수여한 훈장은 한층 더 빛나고 있습니다. 오늘 받은 이 훈장은 위치토 교구에서 영원히 간직할 것입니다.

카폰 신부가 받은 훈장들

카폰 신부는 우리의 회상의 정원 안에서 항상 푸르게 기억될 것입니다. 우리는 모두 그를 위하여 또 평화를 위하여, 더욱이 우리 곁을 떠난 병사들에게 하느님의 축복이 있기를 기도하겠습니다.

'행복하여라, 평화를 이루는 사람들! 그들은 하느님의 자녀라 불릴 것이다.'(마태 5,9)라고 하신 그리스도의 산상 설교 안에서 그들에게 보답이 이루어지기를 빕니다. 아멘."

제17장

추도 미사

1950년 11월에 포로가 된 이후 카폰 신부에 관한 유일한 공식 보고는 '전투 중 행방불명'이라는 것이었다. 그가 생존하여 귀환 포로들 가운데 있으리라는 희망도 잠시, 1953년 6월 수용소에서 귀환한 장병의 명단에는 그의 이름이 적혀 있지 않았다. 1953년 7월 12일 카폰 신부의 유가족은 국무성으로부터 다음과 같은 서한을 받았다.

친애하는 카폰 선생.
당신의 아드님 에밀 J. 카폰 군목(대위)에 관한 말씀을 드리려 합니다. 그는 1950년 11월 2일에 전투 중 행방불명으로 보고되어 있었습니다. 이번에 북한 포로수용소에서 귀환한 사람들에게서 접수한 정보에 의하면 카폰 군목은 1951년 5월 5일 북한 벽동에서 사망하였습니다. 사망 원인은 확실하게 알려지지 않았습니다.

워싱턴 25구 소재의 군수국은 책임지고 전사자의 유물 반송을 식별하고 처리하는 것에 관해 알려 드릴 것입니다. 관례에 따라 군수국은 해외 파견군에서 확실한 정보가 오는 대로 알려 드릴 것입니다. 이 통지가 당신의 가정에 깊은 슬픔을 가져오게 될 것을 진심으로 유감스럽게 생각합니다. 그러나 아드님은 국가를 위하여 빛나는 봉사를 하였습니다. 유가족인 당신에게 저는 깊은 동정을 금할 길이 없습니다.

육군성 부관 육군 소장
윌리엄 버진.

슬픔에 젖은 부모는 이 서한의 내용을 캐럴 주교에게 알렸다. 주교는 위치토 교구 출신으로서 처음으로 동성 훈장을 받은 카폰 신부를 위하여 특별 미사를 올릴 것을 그 자리에서 발표하였다. 그리하여 1953년 7월 19일 캔자스주 위치토의 성 마리아 성당에서 캐럴 주교는 장엄한 추도 미사를 올렸다. 미사에는 카폰 부부와 동생 유진 부부, 100여 명의 신부와 많은 수도자, 평신도가 참석하였고 필센 시민 대표들도 참석하였다. 위치토 공군 기지에서 파견된 호위병 네 명은 영구靈柩 앞을 지켰다. 열두 명의 신부가 미사곡을 불렀다. 국기를 덮은 영구 위에는 성직의 상징인 성작과 영대와 미사 경본이 얹혀 있었다. 주교는 사도예절을 마친 뒤 성직에 대한 강론을 하며 카폰 신부를 성직자의 참다운 사표師表라고 찬양하였다. 캐럴 주교의 이날 강론을 부분적으로 인용하면 다음과 같다.

"10여 일 전 국무성이 카폰 신부의 사망을 공식적으로 발표하였다는 소식에 우리는 놀라움을 금할 수 없었습니다. 여러분이 아시는 바와 같이 이 청년 신부는 1950년 11월 2일 공산당에게 잡혀간 뒤 행방불명으로 되어 있었습니다. 우리는 카폰 신부가 귀환 포로들과 함께 돌아오기를 간절히 바랐습니다. 그러나 이제 그의 임무는 끝났습니다. 신부로서 또 군인으로서 그의 영웅적인 생애는 마침내 북한의 한 병원에서 극적으로 막을 내렸습니다.

아시다시피 카폰 신부는 선량하고 거룩한 성직자였으며 또 사랑의 사도이자 성실한 영혼의 지도자였습니다. 참으로 멋진 개성을 지닌 그는 만나는 사람에게 늘 미소로 답했고 격려의 말을 하고 친절을 베풀었습니다. 더욱이 교구 신부로서 그는 이상적인 자질을 갖추고 있었으므로 이곳 위치토 교구에서는 모두 그를 존경하고 사랑하였습니다. 카폰 신부는 평화와 사랑의 사도였을 뿐만 아니라 용감한 군인으로서 자기가 맡은 사람들을 보호하였으며 하느님의 신성한 진리를 항상 굳게 지켰습니다.

진주만 공격이 발발하자 카폰 신부는 자원하여 군대에 들어갔습니다. 군목으로서 그는 자기가 지도하는 장교와 사병들에게 많은 존경을 받았으며 우수한 성적으로 대위로 진급하였습니다. 그 후 제대하였다가 몇 해 전 다시 군 입대를 지원하였습니다. 그 이유는 교구에서 신부가 필요한 것 이상으로 군대에서 군목을 필요로 하기 때문이었습니다.

1년에 한 번 현충일에 미국 국민은 전몰장병의 영혼을 축복하고 명복을 빕니다. 그러나 진주만 사건 이후로는 매 시간 전사자가 늘어 매일이 현충일인 셈입니다. 군대에 들어갈 때 이미 지고한 희생을 각오하는 군인들의 정신은 우리의 존경과 기도를 받아 마땅합니다. 예수님도 이를 두고 '친구들을 위하여 목숨을 내놓는 것보다 더 큰 사랑은 없다.'라고 하셨던 것입니다.

육군과 해군은 나라를 지키는 데 필요합니다. 자유를 위협받을 때마다 세계에서 가장 훌륭한 미국 청년들이 호응하였으므로 미국은 항상 하느님의 축복을 받을 것입니다. 제1차 세계 대전의 영웅인 위대한 벨기에 추기경 메르시에는 유명한 서한에서 '진리와 자유와 평화를 위하여 죽은 병사는 하느님의 눈으로 볼 때 모두 순교자다.'라고 하였습니다.

나라의 명예를 지키고 침해당한 정의를 옹호하기 위하여 스스로 생명을 바친 용사가 영원한 구원을 받을 수 있을지 의문이 생긴다면 저는 이렇게 답변하겠습니다. 물론 그리스도께서 그의 용맹을 영예롭게 해 주실 것이라고 말입니다. 이와 같이 그리스도의 정신으로 감수한 죽음은 반드시 영혼의 안전을 보장받을 것입니다.

친구들을 위하여 목숨을 내놓는 것보다 더 큰 사랑은 없다고 하신 구세주의 말을 다시 한번 되새깁시다. 형제를 구하고 조국의 사회와 가정을 지키기 위하여 죽은 병사는 가장 높은 애덕을 실천한 것입니다. 그 자신은 자기희생의 가치를 잘 알 수 없겠지만, 그렇다고 해서 하느님께서 과연 전투 중인 병사에게 윤리적이고 종교적인 정확성을 요구하셨을까요? 그 용감함을 존중하는 우리가 하느님께서 그를 기꺼이 맞아들이시리라는 것에 대해 어찌 의심할 수 있습니까.

　오늘 아침 위치토의 성 마리아 성당에는 성직자와 신자, 카폰 신부의 가족이 신성한 병사이신 예수 그리스도의 제단 앞에 모여 있습니다. 우리는 지금 세상의 평화를 위하여 생을 마치신 그리스도를 이 십자가 위에서 보고 있습니다. 하느님의 제단을 바라볼 때마다 우리는 평화의 사도나 승리자인 예수 그리스도를 보는 것이 아니라 인간을 위해서 돌아가신 그리스도를 보게 됩니다. 그러므로 십자가는 인류의 짧고 영원한 복리를 위하여 생을 마치신 그리스도의 거룩한 상징입니다.

　카폰 신부의 가족, 특히 실망에 잠긴 그의 부모님께 위로의 말씀을 드립니다. 물론 그의 죽음은 교구와 군대에는 커다란 손실이고 그를 사랑하는 부모님께는 말할 수 없는 슬픔이지만, 위안의 말씀을 드린다면 카폰 신부는 그의 임무를 성실히 수행하다가 죽음을 당했고 그 사실을 동료들이 인정하고 찬양했다는 것입니다. 포로로서 그의 이름과 행적은 축복을 받았습니다. 300만 미군 중에서 우리의 카폰 신부처럼 아름다운 찬사를 받은 사람은 없을 것입니다.

　오늘 우리는 이 미사를 드림으로써 카폰 신부를 영광스럽게 하고 있습니다. 이 미사는 말하자면 십자가를 진 그리스도에 대한 영원한 추도이며 그분의 고귀한 희생의 연속을 의미하는 것입니다. 미사는 이 거룩하신 분과의 성스러운 만남을 연결하는 것인 만큼 우리의 매일은 추도의 날이 될 것입니다.

오, 주여! 신앙을 품고 평화롭게 잠든 당신의 일꾼을 기억해 주십시오. 당신 일꾼의 아름다운 죽음이 그리스도의 돌아가심과 결부되고 있습니다. 당신 나라를 위하여 생명을 바친 자 모두 십자가를 지신 그리스도의 희생과 죽음 안에서 자신의 죽음을 시인받고 보답받을 것입니다.

카폰 신부의 훌륭한 인격을 존경하고 사랑하던 위치토 교구의 모든 성직자를 대표하여 저는 그의 가족에게 진심으로 동정을 표하며 아울러 우리는 그의 형제로서 그를 마음속 깊이 기억할 수 있는 것을 영광스러운 특전으로 생각하겠습니다. 하느님과 그의 인간에 대한 사랑은 우리가 살아가는 동안 커다란 깨우침이 될 것입니다.

예수 그리스도여! 평화의 사도이며 거룩한 병사이신 당신께서 나라를 위하여 목숨을 바친 이 사람을 부디 영접하여 주소서. 그의 이름은 앞으로 위대한 미국인의 표상으로 존경받을 것입니다. 부디 그에게 영원한 안식과 사랑과 평화를 주시옵소서. 아멘."

미사가 끝난 뒤 식당에 주교, 성직자, 카폰 가족을 위한 음식이 마련되었다. 위치토 공군 기지 소속의 군목 소령 조지 히키가 카폰 부인의 가슴에 동성 훈장을 달아 드렸고 동시에 국무성의 6·25 전쟁 종군 휘장을 부모에게 전달하였다.***

*** 국무성에서 보낸 전보에는 카폰 신부의 사망 일자가 5월 5일로 되어 있지만 동료 포로의 말에 따르면 5월 23일에 사망했음이 분명하다. 포로들은 날짜가 지나는 것을 정확하게 헤아리고 있었다. 신부가 병원으로 이송된 것은 5월 21일, 그로부터 이틀 후에 병원에서 퇴원해 온 장교가 신부가 그날 아침에 사망하였다고 전했다. — 역자 주

제18장
찬사

카폰 신부와 그 누구보다 친밀했던 캐럴 주교는 언제나 그의 간결한 태도를 칭찬하였다. 주교는 성당의 모든 이들에게 카폰 신부의 무사 귀환을 위해 기도해 줄 것을 당부하였다. 그러나 결국 그는 신부가 비극적인 죽음을 맞이했다는 소식을 듣고 가눌 수 없는 슬픔에 잠기고 말았다.

캐럴 주교는 카폰 신부에 대해서 이렇게 말했다.

"카폰 신부와 함께 있던 병사들은 가톨릭 신자뿐만 아니라 여러 종파의 신자들이었지만 그들은 이구동성으로 카폰 군목이 그리스도처럼 말하고 행동하다가 돌아가셨다고 하니, 이것은 최고의 칭송이며 찬사다."

가톨릭 군목 기념 교회당

이 건물은 성 골롬반회 신부들의 주선으로 미군의 기부금을 얻어 한국 서울 돈암동에 세워졌으며 1953년 11월 4일 한국의 노기남 주교 주례로 축성식을 가졌다. 이 교회당은 6·25 전쟁에서 희생된 미군 군목 다섯 사람을 기념하는 건물이다. 축성식에는 한국 정부의 대표를 비롯하여 브릭스 대사, 테일러 장군 등 다수의 귀빈이 참석하였다. 교회당 입구에는 아름다운 대리석에 다음과 같은 문구가 새겨져 있다.

> 허맨 D. 펠헬터 신부
> 프랜시스 X. 코펜스 신부
> 레오 P. 그레악 신부
> 에밀 J. 카폰 신부
> 로렌스 F. 브런너트 신부
> 그리고 이 한국 땅에서 정의와 자유와 평화를 위해
> 목숨을 바친 모든 사람을 위하여

이 축성식 석상에서 프랜시스 C. 피엘 군목(대위)은 다섯 신부에게 헌사를 바쳤다. 특히 카폰 신부에 대하여 그는 이렇게 말했다.

"그는 제1기병사단 제8연대에 소속되어 있던 와중 한국 금촌 부근 전투에서 보여 준 영웅적 행동으로 동성 훈장을 받았다. 1950년 11월 2일에는 신변에 위험이 닥친 것을 알면서도 스스로 적지에 남아 마지막까지 부상병을 치료하고 죽어 가는 병사들에게 성사를 주다가 마침내 포로가 되었다. 카폰 신부는 1951년 5월 23일 적진에서 사망하였다. 그동안 그가 포로들을 위하여 용감하게 봉사한 이야기는 마침내 전설이 되었다. 그는 사후에 수훈 십자 훈장을 받았다."

사군목四軍牧 표창장

이 표창장은 1954년 2월 12일 버지니아주 폴스 처치 내에 세운 사군목 기념비 앞에서 거행한 축하식 때 카폰 신부에게 사후 수여되었다. 표창장은 워싱턴 출신의 레이 두위 중위가 카폰 신부의 부모를 대신해 받았다. 바로 두위 중위가 해럴드 마틴 씨에게 이야기한 것이 1954년 1월 16일 자 《새터데이 이브닝 포스트》에 발표되었다. 이는 사랑하는 동료인 카폰 신부에게 바치는 엄숙한 헌사였으며 온 국민을 감격시켰다. 사군목 표창은 원래 1943년에 군함 돌체스터가 침몰할 때 스스로 목숨을 바친 네 명의 군목을 기념하여 이름 붙인 것이다. 그 후 매년 전우에게 봉사하며 미국 군목으로서 최선의 모범을 보인 군목에게 이 표창을 하고 있다.

부나이 부리스 표창문

친애하는 카폰 부인에게.

유대인 종교 단체인 부나이 부리스의 알렉산더 로지는 2월 6일 토요일에 뉴욕시 플라자 호텔에서 예년의 만찬을 열었습니다. 미군 수송선 돌체스터호가 침몰할 때 구명대를 다른 사람에게 양보하여 북극해에 생명을 묻은 네 군목(가톨릭 1, 개신교 2, 유대교 1)을 기리기 위해서입니다.

지난 4년 동안 유대인 단체는 돌체스터의 네 군목의 정신을 본받은 군목을 선정해 왔습니다. 올해의 군목으로 당신의 용감한 아들을 택한 것에 의심의 여지는 없습니다. 그가 순교자로서 또 미국인 성직자의 귀감으로 북한에서 작고한 지 이미 3년이 되지만 공식 발표는 올해에 있었으므로 이번에 그를 표창하기로 하였습니다.

사군목 표창의 만찬 때 에밀 카폰 신부는 지극한 찬사를 받았습니다. 동봉한 500달러의 수표는 그리피스 주교가 대리로 받게 되었습니다. 이것은 뉴욕에 있는 유대인 모직 회사의 기념품으로, 당신의 아드님이 모든 종파의 미국 군인에게 희생적으로 헌신한 데 대한 감사의 표시입니다.

저는 당신께서 교회와 국가에 바친 당신의 훌륭한 아드님의 죽음을 전능하신 하느님께서 위안해 주시기를 빌며 동시에 그가 지녔던 정신과 성품의 품위가 미국의 훌륭한 유산의 일부로 길이 남기를 빕니다. 주님의 축복이 충만하시길.

1954년 2월 12일

군목 교구장 프랜시스 J. 스펠만 추기경.

신학생들의 편지

1954년 2월 26일 로스앤젤레스 교구의 성 요한 신학교 학생들은 카폰 부부에게 다음과 같은 편지를 보내왔다.

성 요한 신학교의 저희가 보내는 영적 선물은 당신의 훌륭한 아드님 에밀 카폰 신부를 위한 것입니다. 신부님은 저희에게 많은 의미를 지닙니다. 그분은 목숨을 다해 마치 그리스도께서 온 인류에게 하신 것처럼 그리스도께 봉사하셨습니다. 하느님과 하느님께서 사랑하시는 사람들을 위하여 희생하신 당신의 아드님 이야기를 들을 때 저희는 가슴 깊이 당신 아드님을 기억하기로 하였습니다.

신학생 장학금

많은 찬양 가운데 특이한 것은 에밀 카폰 신부 신학생 장학금이라 하겠다. 이것을 위치토 교구의 골롬반 기사회가 추진하고 있다. 목표는 1만 5천 달러이지만 이 액수는 쉽게 넘을 것 같다. 이 기금에서 나오는 이자로 위치토 교구는 카폰 신부를 대신할 자격을 갖춘 자를 양성할 것이다.

골롬반 기사회

캐럴 주교는 이러한 편지를 1953년 12월 9일에 받았다.

로스앤젤레스에 사는 우리 가톨릭 신자들은 웨스체스터라는 새로운 골롬반 기사회를 만들었는데 이제부터는 그것을 에밀 카폰 신부회라고 부르기로 하였습니다. 공산군 포로수용소에서 신음하며 죽어 가는 자를 도우며 하느님께 의무를 다하고 돌아가신 그 영웅적인 신부를 기념하려는 것입니다.

이 이름을 빌리게 된 것을 우리는 기쁘고 자랑스럽게 여깁니다. 다만 이 회가 신부님의 영광스러운 생애가 상징하는 모든 정신을 잘 살려 나가기만을 바랄 뿐입니다.

개신교 목사의 찬사

개신교 군목 아더 밀즈 목사가 1953년 9월 14일 카폰 신부의 부모에게 보낸 애도의 편지를 보면 신부가 친구들에게 보인 성실성과 이를 통해 친구들의 마음에 일으킨 우정을 들여다볼 수 있다. 밀즈 목사의 말에 따르면 카폰 신부와 카터 군목의 친교는 그 무엇보다 빛나는 우정 그 자체였다고 한다.

제가 한국으로 이동하는 부대와 동행하라는 명령을 받았을 때 저는 기왕이면 그분들과 함께 있고 싶어 제8연대에 배속되게 해 달라고 부탁했습니다. 신부님은 1950년 7월까지 저와 함께 있었습니다. 그날은 신부님께서 다른 부대를 방문하러 갔었는데 제가 몹시 부상당했다는 소식을 듣고 저를 돕기 위해 7마일을 걸어오셨습니다.

이렇게 용감하고 헌신적으로 신자들을 지도하고 다른 사람을 동정하는 사람을 저는 처음으로 만났습니다……. 그분이 살아 계시기를 기도했습니다. 이에 하느님께서는 더욱 위대한 방법으로 그분에게 보답하셨습니다. 이런 아드님을 낳아 주신 데 대하여 감사드립니다. 그분은 영웅이고 누구 못지않은 성인입니다.

기념 도서관

미주리주 콘셉션에 있는 카폰 신부의 모교 콘셉션 신학교에서는 도서관을 세우고 있다. 도서관은 자신들의 유명한 동창생을 기념할 것이라고 한다.

영화화

《아워 선데이 비지터》에 실린 데일 프랜시스의 기사에 대한 반향을 보아도 카폰 신부의 멸사滅私의 봉사가 전국적으로 깊은 감동을 주었다는 것을 알 수 있다. 데일 프랜시스는 수년간 영화의 질적 향상을 위하여 주동적 역할을 해 온 사람이었다. 기사에서 그는 카폰 신부의 일생을 영화화할 것을 독자들에게 제안하였다. 이후 약 4만 명의 동의 서명이 쇄도하였다.

기념비와 기금

1953년 12월 8일.

친애하는 캐럴 주교님, 전쟁 포로 카폰 신부 기념 기금 위원회의 재정을 맡게 된 제가 이 소식을 벌써 전했어야 하지만 포로 때 한 약속이 무르익기까지 일부러 미루었습니다. 그 약속이란 카폰 신부라는 특수한 인물을 군목으로서 또 벗으로서 영원히 기억하기 위하여 기념비를 세우는 것입니다. 이 기념비는 그가 태어나고 청춘을 보낸 그의 본당에 세울 것입니다. 둘째 약속은 우리가 오랫동안 아껴 온 꿈을 이루기 위하여 자선기금을 모으는 것입니다.

1953년 9월 공산군에게서 석방된 이후 계획을 진행하여 기념비를 세울 준비가 되었습니다. 뉴저지주 패터슨의 제임스 맥널티 주교님과 성 미카엘 교회의 카롤로치 안치 신부님도 이 기념비의 준공에 큰 관심을 가지고 계십니다. 동봉한 것은 자세하지는 않지만 이 기념비의 스케치입니다.

미국은 물론 영국, 푸에르토리코와 필리핀에서도 기부금이 들어와 현재는 카폰 신부가 원래 구상했던 액수의 네 배가 되었습니다. 패터슨 시민들이 1,100달러 이상을 기부하였습니다.

이 돈을 보내 드리오니 주교님께서 필요하시다고 생각하시는 자선 사업에 써 주십시오. 기념비 제막식은 저희로서는 예견할 수 없는 문제도 있을 것이므로 주교님의 의견에 따라 진행하겠습니다.

후에 편지로 남은 문제에 대하여 말씀드리겠습니다. 제막식에 관한 남은 문제는 더욱 효과적으로 처리될 것입니다. 저희의 작은 꿈이 이루어질 날을 기다리면서…….

보병 대위
랠프 나델라 올림.

10인 위원회 명단

Capt. Ralph Nardella

58 Ellison Street, Paterson, New Jersey

Capt. Clarence L. Anderson, M. C.

1553-F Pershing Drive, San Francisco, Calif.

Capt. Robert E. Burke

209 Olive Avenue, Moundsville, West Verginia

Capt. Sidney Esensten, M. C.

5412 Logan Avenue South, Minneapolis 9, Minn.

Mr. Frank Noel, c/o Associated Press

50 Rockford Plaza, New York 20, New York

Lt. Walter L. Mayo

81 Winsor Avenue, Watertown, Massachusetts

Capt. Wm. A. McClain

3314 Mohoning Avenue, Youngstown, Ohio

Major David F. MacGhee

3609 S. Church Circle, Tampa, Florida

Capt. Joseph L. O'Connor

443 B. Craig Drive, Columbus, Georgia

W. O. Felix J. McCool

129 Carr Drive, Glendale, California

카폰 신부의 지인, 잡지나 신문 기사를 읽은 사람들에게서 온 편지들은 실로 어마어마하다. 여기에 그 가운데 몇 가지를 옮기기로 한다. 성공회 신부 스탠리 데이비스 씨는 포로 중 유일한 영국 군목으로 다음과 같이 증언한다. "카폰 신부의 이름은 포로들 사이에 전설이 되었다. 생각해 보면 이 용감하고 인자한 군목의 봉사가 종파를 초월했던 만큼 종교를 초월한 모든 이가 그를 영원히 존경할 것이다."

헬렌 스튜어트의 헌시

카폰 신부에게 바친 아름다운 찬사 가운데 하나로 캐럴 주교가 헬렌 스튜어트에게 받은 시가 있다. 두꺼운 종이에 글자를 그리듯 써 넣은 이 시는 《새터데이 이브닝 포스트》에서 카폰 신부의 기사를 보고 감격한 스튜어트가 카폰 신부의 초상을 크레용으로 스케치한 것과 함께 보내졌다. '그는 죽었으나 아직 말한다'라는 시 가운데 다음 구절에서 우리는 시의 우아함을 엿볼 수 있다.

바다 건너에서 그가 당한 시련을
나 호젓이 앉아 생각하면
내 가슴에 생을 다한
이 영웅 군목의 말소리가 들린다.
마치 그의 넋이 황금의 펜을 달고 날아오듯이
그러면 나는 다만 집에 앉아
위안에 둘러싸여 최고의 설교를 들은 셈인가
아니오. 이 성인이

전쟁터에서 또 누추한 수용소에서

온갖 능욕을 헤아리지 않고

오직 하느님의 어린양(아뉴스 데이)을 보여 준 그날까지

정녕 나는 희생과 수난을 몰랐다.

오, 주님이시여! 이 죽음을 두고

내가 더 무엇을 말할 수 있으리오.

신부로서, 목자로서 죽는 순간까지

굴하지 않고 진흙 속을

눈 내리고 우박 내리는 속을 걸으며

전사자를 가슴에 껴안던 그는 하늘나라에서 쉰다.

그는 죽었으나 아직 말한다.

해병 소령 제럴드 핑크의 편지

1954년 5월 4일.

친애하는 톤 신부님, 제 작품에 대한 칭찬은 바라지 않습니다. 그 십자가를 귀금속에 새겼더라면 그만큼 그리스도의 기억을 더듬었을 것이며 후에 세상이 다 알아야 할 카폰 신부의 모습을 좀 더 잘 표현했을 것입니다.

사실 카폰 신부를 생각하면 저는 절로 고개가 숙여집니다. 하느님께서 사람에게 살라고 하신 바대로 그는 헌신적인 삶을 살았습니다. 그의 자기희생, 전우에 대한 사랑, 적을 사랑하는 마음, 모두 성자의 모습이었습니다. 저보다도 다른 벗들이 그를 더 잘 알고 있지만 제가 그의 감화 아래 살았다는 것은 마치 인자한 빛을 받고 있는 느낌이랄까요. 그는 가톨릭 신부로서 로마 교황이 야전 군목에게 요구한 바를 모든 병사에게 베풀어 주었다고 확신합니다.

공산당 손에서 당한 시련과 고난, 우리의 신앙을 말살하려는 그들의 끊임없는 흉계, 인간이 저지를 수 있는 만행, 굶주림, 전염병, 박탈, 낙망, 완전한 결핍 상태, 여기에 정신의 시련에서 오는 불가마, 카폰 신부는 이 모든 것을 견디어 냈고 하느님의 길과 빛을 밝혀 주었습니다. 다른 말은 다 그만두더라도, 제게 곤경에서 지혜롭게 벗어날 수 있도록 많은 것을 가르쳐 주신 데 대하여 그분을 존경하고 사랑한다고 말하고 싶습니다.

십자가상을 만든 것에 대한 칭찬은 랠프 나델라 대위가 받아야 할 것입니다. 더구나 그 무엇 하나 자유롭지 못했던 포로 기간 동안 대위는 정신적으로나 도덕적으로나 뚜렷한 지도자였습니다. 그는 카폰 신부를 이어 벗들을 위하여 그들이 못 하는 일들을 해 주었습니다. 그는 미국 국민으로서 가톨릭 신자로서 자기 의무를 완전히 수행했습니다. 제가 전우들에게 조금이나마 도움이 되었다면 그것은 카폰 신부를 기억하였기 때문이며 동시에 랠프 나델라 대위의 지도 덕분입니다.

저는 가톨릭 신자가 아닙니다. 그러나 카폰 신부와 그 교회의 위대성을 알기 때문에 매일 기도할 때마다 그를 축복해 주시기를 간청하고 있습니다.

저는 카폰 신부님을 유대교 단체의 영구 회원으로 등록하였습니다. 사실 가톨릭과 유대교에서 신부의 위치에 대한 격식상의 차이는 알 길이 없으나 어쨌든 저는 제 존경하는 스승과 목사들과 더불어 카폰 신부를 함께 기억하고 싶었습니다. 이것은 예수회 신학 협회에서 저에게 보내온 것인데 부디 카폰 신부님의 부모님께 전해 주시기 바랍니다. 이것으로 그 부모님들도 함께 찬양하고 싶습니다. 나무가 자라기에 가지도 자라는 것이니까요.

훌륭한 부모님께서 아드님을 영광스럽게 기억하시길 비오며.

뉴저지주 패터슨

북한 포로수용소에서 시카고 출신의 제럴드 핑크 소령이 새기고, 랠프 나델라 대위가 기도회 때 사용하던 십자가상이 어제 아침 10시 성 미카엘 성당에서 맥널티 주교의 미사 때 축복되었다. 구리로 만든 깨끗한 대 위에 얹힌 이 십자가상은 용감한 가톨릭 군목 에밀 카폰 신부를 기념하는 것이다. 카폰 신부는 그 음산한 포로수용소에서 자기의 안전과 안위는 전혀 생각하지 않고 동료들에게 헌신적으로 봉사하였기 때문에 나델라 대위 외에 많은 전우들로부터 존경을 받았다.

카폰 신부는 1951년 5월 23일, 35세를 일기로 수용소 병원에서 세상을 떠났다. 이 십자가상과 대는 일주일 동안 성 미카엘 성당에 전시해 놓았다가 필센으로 옮겨 그곳의 성 요한 성당에 영구히 보관할 것이다(1954년 5월 10일 자 패터슨의 〈모닝 콜〉).

캔자스주 위치토

캐럴 주교는 카폰 신부를 지속적으로 기념하기 위하여 남자 고등학교를 세울 것이라고 발표하였다. 학교 이름은 '에밀 카폰 군목 기념 고등학교'이며 1955년 9월에 개교할 예정이다.

위치토 성심 대학

성혈회 수녀들이 성심 대학 소속인 성 요한 성당에서 성품을 받은 카폰 신부의 기념실을 만들어 그의 개인 소지품, 책, 군복, 제의, 제구 등을 전시하기로 하였다. 이미 수천 명의 방문객이 이를 참관하였다.

제19장

동방 박사들이 오다

"마치 동방 박사들이 가슴에 감사의 뜻을 품고 손에 가득 예물을 들고 그리스도를 찾아왔듯이 이 군인들은 한국으로부터 필센에 온 것이다." 캐럴 주교는 포로들이 조각하여 교구로 들고 온 추도 십자가상을 맞아들이며 벅차오르는 감격을 이렇게 표현했다.

1954년 6월 6일은 카폰 신부의 부모, 포로 동료, 필센 시민 그리고 주교와 교구 내 모든 신자들에게 잊을 수 없는 날이었다. 이날 오전 8시 위치토 성심 대학 강당에서 캐럴 주교가 미사를 거행함으로써 카폰 신부의 추도 기념식은 시작되었다. 1,000명 정도 참석한 이 미사에서 위치토의 주교는 카폰 신부에 대한 설교를 시작하였다. 이 기념식에는 제1기병사단의 유진 필드 대령, 랠프 나델라 대위, 제임스 카리 대위, 윌리엄 맥클레인 대위가 참석하였다. 이 네 사람은 용감한 사단 장병으로 전사한 수천 명을 대리한 것이며 한국의 38선을 먼저 넘어온 사람들이다.

미사 후에 골롬반 기사회의 초청을 받아 전원이 '그리스도 왕 교회' 회관으로 가서 아침 식사를 하였다. 주최자는 위치토 공군 기지 사령관 루이스 코이라 대령이었다. 주교는 개회사를 짧게 마친 뒤 다른 이들에게 말할 충분한 시간을 주었다. 유진 필드 대령의 기념사는 대단했다. 당시 카폰 신부의 연대장으로 전투 중에 부상당하여 병원으로 후송되었던 필드 대령은 기념사에서 카폰 군목은 군인의 전형으로서 갖출 수 있는 모든 자질을 갖추었다고 말했다. 특히 용기와 더불어 "실로 내면이 강한 사람의 표본"이라고 하였다.

조찬 기념사 중에서 가장 사람들을 감격시킨 것은 물론 랠프 나델라 대위의 이야기였다. 실로 달변이기도 했지만 내용이 감동적이었고 때로는 유머러스하게, 때로는 심각하게 말을 이어 나갔다. 대위는 평신도로서 카폰 신부의 일을 할 수 있는 데까지 충실히 도왔다. 대위는 또 감명 깊었던 예를 들어 가며 카폰 신부가 군목으로서 여러 종파의 전우들에게 어떠한 감화를 주었는지를 전했다.

식사를 마치자 대위는 매우 뜻깊은 유물 두 점을 캐럴 주교에게 전했는데, 그것은 카폰 신부가 사용하던 작은 미사 경본과 철모에서 떼어 낸 십자 모표帽表였다. 또 8천 3백 달러짜리 수표를 전하며 자선 사업에 써 달라고 캐럴 주교에게 부탁하였다. 이 돈은 '카폰 신부 기념 기금' 중에서 기탁한 것이며 수용소에서 시작된 그 기금 운동은 3년이 지나 완결되었다. 기부금은 군대, 뉴저지주 패터슨에 사는 나델라 대위의 친구들, 또는 각파의 종교인 및 사회 인사들이 모은 것이다.

기념식은 다시 위치토에서 동북으로 72마일 떨어진 필센으로 옮겨졌다. 해병 소령 제럴드 핑크의 역작인 십자가상이 마침내 마지막 일정을 마치고 그 목적지에 온 것이다. 이 십자가상을 수용소 안에서 처음으로 사용했을 때 중공군 감시병은 당황하여 빼앗으려 했지만 다행히 그 후에는 손을 대지 않았다고 나델라 대위는 회고담을 들려주었다.

십자가상의 높이는 26인치이고, 몸체에는 하대下帶를 입고 있으며 큰 키에 마른 모습이다. 조각이 아주 섬세하여 보는 사람에게 감동을 준다. 구리로 만든 평평한 판 위에 십자가상이 세워졌으며 판은 높이 54인치, 넓이 34인치, 무게 300파운드다. 동판에는 다음과 같은 글이 새겨져 있다.

　　1951년 5월 23일 공산군 포로수용소에서 세상을 떠난 에밀 J. 카폰 신부를 추모하며

그 오른쪽 동판에는 다음의 기도문이 새겨져 있다.

　　주여! 당신의 멍에는 자유롭고 당신의 짐은 가볍나이다. 나, 마땅히 져야 할 짐을 지는 것이 즐겁고 기쁘다는 것을 깨닫나이다. 나는 헛된 것을 위하여 살기보다는 생명의 진정한 가치를 위하여 죽기를 원하나이다.

이 기도문은 군인 성경 제5장에 있는 것으로 그들이 포로수용소에서, 특히 카폰 신부가 죽은 뒤 아침저녁으로 바치던 것이다. 그들은 항상 이 장을 신부를 추모하는 뜻으로 바쳤으며 가끔 키레네의 시몬이 그리스도의 십자가를 지고 가는 것을 어떻게 도왔는가를 이야기하였다. 군인들은 카폰 신부와 함께 봉사하고 함께 고난을 당하였다. 그들은 신부를 잘 알고 있

었다. 그리고 그를 깊이 사랑했다. 말하자면 이 군인들은 카폰 신부에 대한 사랑을 증거하기 위하여 먼 임지에서 찾아온 것이다.

캔자스주 포트 리벤워드에서 일하는 유진 필드 대령은 당시, 부하들이 공격받기 전부터 이미 부상당한 상태였다. 대령은 일본, 한국 등지에서 카폰 신부가 배속된 연대의 연대장이었다. 오하이오주 영스타운에서 근무하는 윌리엄 맥클레인은 북한 전선 깊은 곳까지 카폰 신부와 함께 갔고 함께 포로가 되었으며 수용소의 같은 막사에서 카폰 신부와 함께 누워 잠을 청했다. 사실 신부는 부상병을 버려두고 도망쳐 나올 수 있었지만 "그것은 그가 택한 길이 아니었다."라고 맥클레인 대위는 증언했다.

수용소에서 신부와 9개월을 보낸 제임스 카리 대위는 텍사스주 포트 샘휴스턴에서 일하고 있다. 그는 군의관이었다. 그역시 신부의 헌신적인 모습을 곁에서 지켜볼 수 있었다. 맥클레인 대위나 카리 대위나 모두 가톨릭 신자가 아니지만 이 영웅적인 신부에 대한 칭찬을 멈추지 않았다.

네 번째 장교는 나델라 대위다. 추도 기념식이 진행되는 동안 네 명의 장교는 제대 오른편에 앉아 있었고 십자가상은 군복을 입은 카폰 신부의 커다란 사진과 함께 이들 앞에 놓여 있었다. 웅대한 성 요한 네포묵 성당은 이날 정식으로 행렬이 입장하기 전부터 여러 곳에서 모인 750여 명의 손님들로 이미 발 디딜 틈이 없었다.

캔자스주 플로렌스 패트릭 휴고 신부가 예수 성

필센의 성 요한 네포묵 성당

심 호칭 기도를 한 다음 톤 신부가 내빈과 참석자들에게 짤막한 인사말을 건넸다. 이어서 신부는 카폰 신부가 1950년 4월 22일 도쿄에서 한 설교를 녹음한 테이프를 공개했다. 이 용감한 군목의 소지품이 들어 있는 트렁크 하나가 2년 동안이나 행방불명이었다가 1954년 4월 16일 주님 수난 성지 주일에 그 부모에게 전달되었다. 그 가방에 바로 이 녹음테이프가 들어 있었던 것이다. 카폰 신부가 극동 군 방송을 통해 진복팔단을 설교한 것 중 다섯 번째로 두 가지 진복에 관한, 단순하고도 감명 깊은 내용을 전하고 있었다.

"행복하여라, 평화를 이루는 사람들! 그들은 하느님의 자녀라 불릴 것이다. 행복하여라, 의로움 때문에 박해를 받는 사람들! 하늘나라가 그들의 것이다."(마태 5,9-10)

교구의 아들이며 교구의 성직자였던 카폰 신부의 목소리가 울려 나오자 모든 사람은 존경과 경외의 마음으로 잠시 회상에 잠겼다. 모두가 집중하는 가운데 녹음테이프 속의 카폰 신부는 무언가를 예견하는 듯한 이야기를 들려주었다.

"교회 발전의 초창기에는 로마 제국 관리의 말 한마디에 신자들은 신앙을 버리든지 죽음을 받아들이든지 둘 중의 하나를 택해야 했습니다. 순교자들은 신앙을 버리지 않았고 아무 죄도 없이 죽음을 당했습니다.

최근에 이와 같은 일이 일어났습니다. 신앙을 굳게 지키려던 그리스도교인들이 신앙을 반대하는 사람들에게 박해를 당하고 추방을 당하게 되었습니다. 우리 자신에게도 이런 일이 닥칠지 모릅니다. 즉, 신앙에 충실하거나 혹은 신앙에 반대되는 것을 스스로 선택하게 될 경우에 봉착할지도 모르는 것입니다. 오, 하느님! 언제나 당신께 충실할 수 있는 용기를 주십시오. 옳은 일을 하다가 박해를 받는 사람은 행복합니다. 하늘나라가 그들의 것입니다."

이 녹음을 듣고 나서 캐럴 주교는 카폰 신부에게 어버이다운 애정을 표시하면서 다음과 같은 감명 깊은 말을 하였다.

"과학의 힘으로 우리는 지금 위대한 그리스도 병사의 목소리를 들었습니다. 이 목소리는 필센 본당, 고향을 찾아온 것입니다. 저는 제1기병사단에서 오신 이 네 분의 군인들께 감사드립니다. 특히 오늘은 이분들이 포로수용소에서 한 맹세를 완수한 날입니다. 그동안 이분들이 완수한 중대한 사명은 이루 말할 것도 없습니다. 지금 이 자리에서 우리가 만나는 이분들은 자유의 몸이 되어 사랑하는 카폰 신부의 영광을 위하여 작은 필센을 찾아 주신 것입니다.

이렇게 훌륭한 신부의 주교로서 저는 이분들께 감사드리며 진심으로 환영합니다. 이분들은 하느님의 은혜로 석방되었습니다. 그리고 오늘 성실한 마음과 순수한 애정을 가지고 이 자리에 오셨습니다. 한국에서 필센까지 성스러운 순례를 한 것은 군 역사상 처음 있는 일일 것입니다."

그리고 주교는 그들이 가져온 많은 소중한 유물들을 가리키며, 1년 반 전에 카폰 신부에게 동성 훈장과 수훈 십자 훈장이 수여되었을 때에 했던 말들을 다시 인용하면서 이야기를 마쳤다.

"당시 저는 카폰 신부의 생사를 몰랐습니다. 그러나 모든 전우들이 카폰 신부는 천사였다고 입을 모았습니다. 이제 보니 천사는 카폰 신부에 대한 전우들의 모든 마음을 보여 주는 아주 멋진 말인 것 같습니다."

성체 강복이 끝난 뒤 일동은 감사송을 불렀으며, 본당 신자들과 손님들은 만찬을 위하여 다른 방으로 들어갔다. 그들은 공산군 수용소에서 굶주림과 고난을 이기고 나온 장교들과 이야기를 주고받았다. 바로 이 군인들이 카폰 신부의 그리스도다운 정신을 절실히 느꼈던 사람들이며, 필센 출신 카폰 신부에게 감사와 경의를 표하려 그 먼 길을 떠나온 것이다.

필드 대령, 맥클레인 대위, 카리 대위는 모두 짧게 이야기를 전했다. 특히 군의관 카리는 자신이 폐렴에 걸렸다가 카폰 신부의 극진한 간호로 살아났던 만큼 그 영웅적인 군목에 관한 이야기는 그치려야 그칠 수 없다면서 감격한 모습으로 이야기를 이어 나갔다. 목이 멘 채 어렵사리 이야기를 마쳤을 때 장내에는 우레와 같은 박수가 쏟아졌다.

신부가 세상을 떠난 뒤 한동안 신부가 하던 일을 도맡아 했던 나델라 대위도 짤막한 이야기를 한 뒤에 한 시간 동안 질의응답 시간을 가졌다. 질문은 여기저기서 쏟아져 나왔다. "무엇을 먹었습니까?", "신부님께서 돌아가신 날짜를 어떻게 아셨습니까?", "매일 어떤 일과를 보내셨습니까?", "중공군 중에 과거에 그리스도교인이었던 사람이 있었습니까?", "공산당은 세뇌를 위하여 어떤 방법을 씁니까?" 모든 면에서 용맹스럽고 자신감이 넘치는 모습이었던 나델라 대위는 열심히 정성껏 질문에 답했고 설명하는 중간중간 유머러스한 말과 가슴을 울리는 이야기를 곁들이기도 하였다. 그는 말끝마다 전우를 살린 신부님에 대한 강한 애정을 보여 주었다.

사전에 주선을 해 놓은 덕분에 나델라 대위는 그날 밤 카폰 신부의 부모님 댁에서 머물렀다. 일요일 저녁 긴 시간 동안 그는 카폰 일가와 동생 유진 부부 앞에서 포로 생활에 대해, 특히 카폰 신부의 어머니가 궁금해하는 많은 것들을 자세히 이야기해 주었다.

6월 7일 아침, 카폰 신부의 고향 본당에서 거행된 추도 미사에서 영성체할 때 나델라 대위는 카폰 신부 어머니 곁에 무릎을 꿇었다. 사제관에서 아침 식사를 하고 출발할 때에도 대위는 마치 아들이 어머니를 대하듯 경건하고 다정하게 카폰 부인을 껴안았고 카폰 씨의 두 손을 따뜻하게 감싸 쥐었다.

엄밀한 의미에서 볼 때 우리는 모두 카폰 신부의 혜택을 받았다고 할 수 있다. 그는 우리에게 의무를 충실히 이행하는 모범을 보였고 인내와 이해의 정신을 보여 주었으며 불의에 굴하지 않는 용기를 갖게 해 주었다. 그는 우리의 애국심을 새롭게 해 주었고 동시에 국가의 적이며 무신론의 적의 면면을 좀 더 날카롭고 진실하게 알렸다. 그는 그리스도와 흡사한 생애를 한 폭의 그림처럼 남겨 놓았다. 그 기념 건물이나 기념비가 아무리 값진 것이고 아름답다 해도 카폰 신부가 우리에게 바라던 것이 다 담겨 있을 수는 없다. 그것은 사람의 영혼을 위한 보물이며 하느님과 사람을 죽기까지 사랑하며 봉사하는 자의 정신, 그것이다.

카폰 신부의 약력

1916년 4월 20일	캔자스주 필센 출생
1916년 5월 9일	영세
1928년 5월 18일	초등학교 졸업
1928년 9월 ~ 1930년 5월	필센 고등학교 재학
1929년 4월 11일	슈웨르트너 주교 주례로 견진성사 받음
1930년 9월 ~ 1932년 6월	미주리주 콘셉션 신학교 재학
1932년 9월 6일	콘셉션 대학 고전 문학과 입학
1934년 9월 ~ 1936년 6월	콘셉션 대학 철학과 재학
1936년 9월 11일	미주리주 세인트루이스 켄리크 신학교 입학
1937년 6월 5일	삭발례
1938년 6월 10일	1, 2, 3, 4품 받음
1939년 6월 3일	차부제품 받음
1939년 10월 8일	정부제품 받음
1940년 6월 9일	캔자스주 위치토 소재 성 요한 성당에서 윈켈만 주교 집전으로 사제품 받음

1940년 6월 20일	필센 성 요한 성당에서 첫 미사 집전
1940년 6월 30일	필센 성당 보좌
1943년 1월 5일	헤링턴 공군 기지의 보조 군목
1943년 9월 16일	필센 성당 주임 신부
1944년 6월 15일	육군 군목 원서 제출
1944년 7월 12일	필센 성당 주임을 사임. 헤링턴 기지 군목 해임
1944년 10월 4일	군목 학교 졸업, 조지아주 휠러 부대 군목
1945년 2월 7일	해외 파견 명령 받음
1945년 3월 4일	마이애미에서 비행기로 인도로 떠남
1945년 3월~9월	북부 전투 지휘 본부에 근무
1945년 9월~11월	198 병기 대대 근무
1945년 11월~1946년 4월	인도, 미얀마 지구에 근무
1946년 1월 3일	대위로 진급
1946년 5월 30일	샌프란시스코로 귀환
1946년 6월 25일	미주리주 콘셉션에서 피정
1946년 8월 1일	캔자스주 스피어빌 성 요한 성당 임시 주임 신부
1946년 10월 1일	워싱턴 D. C.에 있는 가톨릭 대학에 등록
1948년 2월	가톨릭 대학에서 교육학 학위 받음
1948년 4월 9일	캔자스주 팀켄 성당 주임 신부
1948년 9월 25일	군에 재입대
1948년 11월 15일	텍사스주 포트 블리스에 배속
1949년 12월 26일	필센 출발. 부모와 작별
1950년 1월 23일	시애틀 출범

1950년 6월 1일	일본 후지산 근처에 배속 중 이동 명령 받음
1950년 7월 11일	한국 전장으로 이동
1950년 9월 2일	동성 훈장 받음
1950년 11월 2일	중공군 포로가 됨
1951년 5월 23일	한국 벽동 수용소에서 사망
1952년 10월 17일	필센 캐럴 주교에게 훈장 전달
1953년 7월 19일	캔자스주 위치토 성 마리아 대성당에서 추도 미사

지은이
아더 톤 Msgr. Father Arthur Tonne, 1904~2003

아더 톤은 1904년에 출생하여 1932년에 프란치스코회 소속 사제가 되었다. 1951년부터 캔자스주 위치토 교구 성 요한 네포묵 성당에서 38년간 사목하였다. 1954년에 에밀 카폰 신부의 이야기를 담은 《The Story of Chaplain Kapaun - Patriot Priest of the Korean Conflict》를 출간하였으며 그 외에도 약 20여 권이 넘는 저서를 출간하였다.

1960년에 아더 톤은 몬시뇰로 서임되었고, 60여 년간 사제의 소임을 다한 뒤 1991년에 은퇴하였다.

옮긴이
정진석 니콜라오 추기경 1931~2021

1931년 12월 서울 수표동의 독실한 가톨릭 집안에서 태어났다. 1954년 가톨릭대학 신학부에 입학, 1961년 사제품을 받았다. 이탈리아 로마 우르바노 대학에서 교회법으로 석사 학위를 받았으며, 1970년 최연소 주교로 서품되었다.

이후 28년 동안 청주교구장을 지냈고, 한국 천주교 주교회의 의장 등을 역임했다. 1998년부터 2012년까지 서울대교구장과 평양교구장 서리를 겸했다. 2006년 3월에는 베네딕토 16세 교황으로부터 추기경으로 서임되었고, 2007년부터 임기 5년의 교황청 성좌조직재무심의 추기경 위원회 위원을 지냈다. 교회법 권위자로서 15권에 달하는 교회법 해설서를 집필했고, 이 밖에도 수많은 저서와 번역서가 있다.

저서

《장미꽃다발》,《라디오의 소리》,《라디오의 메아리》,《목동의 노래》,《교계제도사》,《교회법원사》,《말씀이 우리와 함께》,《말씀의 식탁에서》,《간추린 교회법 해설》,《한국 천주교 사목 지침서》(공동 편찬),《한국 천주교 사목 지침서 해설》,《전국 공용 교구 사제 특별 권한 해설》,《교회법 해설》,《우주를 알면 하느님이 보인다》,《구세주 예수의 선구자 세례자 요한》,《모세(상)-민족 해방의 영도자》,《모세(중)-율법의 제정자》,《모세(하)-민족 공동체의 창설자》,《희망을 안고 산 신앙인 아브라함》,《믿음으로 위기를 극복한 성왕 다윗》,《햇빛 쏟아지는 언덕에서》,《하느님의 길, 인간의 길》,《안전한 금고가 있을까》,《가라지가 있는 밀밭》,《닫힌 마음을 활짝 여는 예수님의 대화》,《정진석 추기경의 행복 수업》,《그분의 상처로 우리는 나았습니다》,《질그릇의 노래》,《나를 이끄시는 빛》,《성숙한 신앙생활》,《위대한 사명》

역서

《성녀 마리아 고레티》,《종군 신부 카폰》,《가톨릭 교리 입문》,《내가 하느님을 믿는 이유》,《인정받은 사람》,《질그릇》,《영혼의 평화》,《강론집》 I~VI(《사목》 별책 부록),《칠층산》,《교회법전》(공동 번역),《너는 주추 놓고 나는 세우고》,《이 빈 들에 당신의 영광이》,《참신앙의 진리》